[SUPER GT オフィシャルドキュメンタリー]
REAL RUN
──1秒と永遠──

幻冬舎

サーキットに響き渡るエンジンの唸り。車重1トンを超えるマシンが40台、時速300km近いスピードで駆け抜け、熾烈な順位争いを繰り広げている。最新鋭のテクノロジーを結集してつくられたその車輌の中では、ドライバーたちが命懸けでステアリングを握りしめ、戦っているのだ。エンターテインメント性の高さで人気を誇る国内最高峰のモータースポーツ、SUPER GT。そこに集うものたちははたして何のために異次元のスピードバトルに挑むのか。その戦いの先に目指す場所はどこなのか。そして周囲で見守る人々は、いったい彼らに何を託しているのか──。

本書は、慢性骨髄性白血病を患い余命3カ月と宣告されたカメラマン山岸伸が、"真のモータースポーツ"を目指す KEIHIN REAL RACING にレンズを向け、一瞬に命を懸けて戦う男たちの姿を記録した写真集である。

かくして彼らの戦いに密着していく中で、浮かび上がってきたのは、レーサーのアスリートとしての身体能力の高さであり、スタッフの技術と戦略を支える知性であり、チームスポーツとしての絆の大切さであり、進化するルールがもたらすゲームの醍醐味であった。

彼らが積み重ねる一瞬一秒。その果てしなく濃厚な瞬間に宿るドラマを紐解くため、11の時間についてのドキュメントも添えた。

彼らの真な走りに込められた、興奮をぜひ味わってほしい。

CONTENTS

14 0.001 sec.
―― 極小の瞬間で繰り広げられる極限の戦い

38 300 km/h
―― ストレートやコーナーで繰り広げられる限界のスピードバトル

42 age 30
―― 一瞬に命を懸けるトップアスリートたち

62 since 1994
―― 競争心と未知への好奇心が育んだ SUPER GT の歩み

66 6 months
―― 全8戦を戦い抜くために求められるもの

72 2 days
―― 予選と決勝で繰り広げられる予測不能のドラマ

92 18 sec.
―― マシンの時間と人間の時間が交差するピットイン

96 3 weeks
―― レース前から始まっている裏舞台での戦い

100 120 sec.
―― その瞬間にすべてをかける切り札のタイヤ

104 4 sec.
―― スピードの極限を制御する最も重要な機能

124 1 life
―― 誰よりも速く走るという使命

DENSO

15:07
決勝（87/

3
MINUTES
分前

0.001 sec.

極小の瞬間で繰り広げられる極限の戦い

人が普段意識する時間の最小単位はどのくらいだろうか。1分？ それとも、10秒？ 人によってその感覚はさまざまだろうが、おそらくほとんどの人は日常生活を送る際に、秒単位で神経を尖らせるようなことはないだろう。しかし、モータースポーツの世界では、1秒をさらに100に分けた単位でシビアに表される。

モータースポーツとは、マシンの物理的な限界に挑み、コントロール不能になるギリギリの境界線を見極めながら、最大限のパフォーマンスを引き出す競技である。国内最高峰のSUPER GTシリーズの場合、上位クラスのGT500のマシンともなれば、ときに最高時速が300km近くにも達する。時速300kmということは、1秒間に83m進み、1000分の1秒でも8.3cmの差がつく計算になる。常人には感知しえないミクロの時間の中とはいえ、そこには決定的な勝負の分かれ目が存在しているのだ。

「僕らのいる世界では、1秒の差は致命的な結果をもたらします。例えば、2人のドライバーが同じマシンを走らせて、どちらかが常に1秒遅かったら、遅い方は確実にクビでしょうね。0.5秒遅くても、どうしようかなと考えるくらいです。決勝レースのスタート順位を決める予選では、1周の速さを競うので、大袈裟でも何でもなく、1000分の1秒の差で順位が入れ替わることがあります。仮に10分の1秒違えば最下位になることもあるぐらいです。しかも、これは何も予

選だけに限ったことではなくて、トータルで300kmとか500km走る決勝でさえも最後はコンマ何秒の争いになることだってあります。実際、2010年のSUGO戦では、2位とわずか0・025秒差で勝つことができてありました。僕らの戦いは、本当にコンマ以下の世界で行われているのです」とKEIHIN REAL RACINGの金石勝智監督は語る。

そうした1000分の1秒単位でのシビアな戦いを実際に繰り広げているのは、ドライバーである。超一流のバッターは、調子がいいときはボールが止まって見えるというが、超一流のドライバーも、時速300kmに近いスピードの中で抜群の動体視力と反射神経で瞬時に相手マシンの挙動を判断し、正確なハンドル操作でラインを捉え、コンマ何秒の差をめぐる激しいバトルを展開している。KEIHIN REAL RACINGでファーストドライバーを務める金石年弘も、「この感じで走れたからタイムを削れただろうという感覚はある」と言う。

「ただ、具体的な時間まではわからないので、レース中はとにかく誰よりも速く走るということだけを考えています。そうやってギリギリを攻めていった結果がコンマ何秒のアドバンテージになるのです」

最高時速300km近くで走るモンスターマシンを駆って、1周およそ4〜5kmのサーキットを全開で攻めても1000分の1秒しかつかないこともあるのが、SUPER GTの世界である。でも、その1000分の1秒がやがては致命的な差になるかもしれないことを彼らはよく知っている。だからこそ、いつだって最高のスピードを目指して走るのだ。

瞬間がもたらす致命的な差

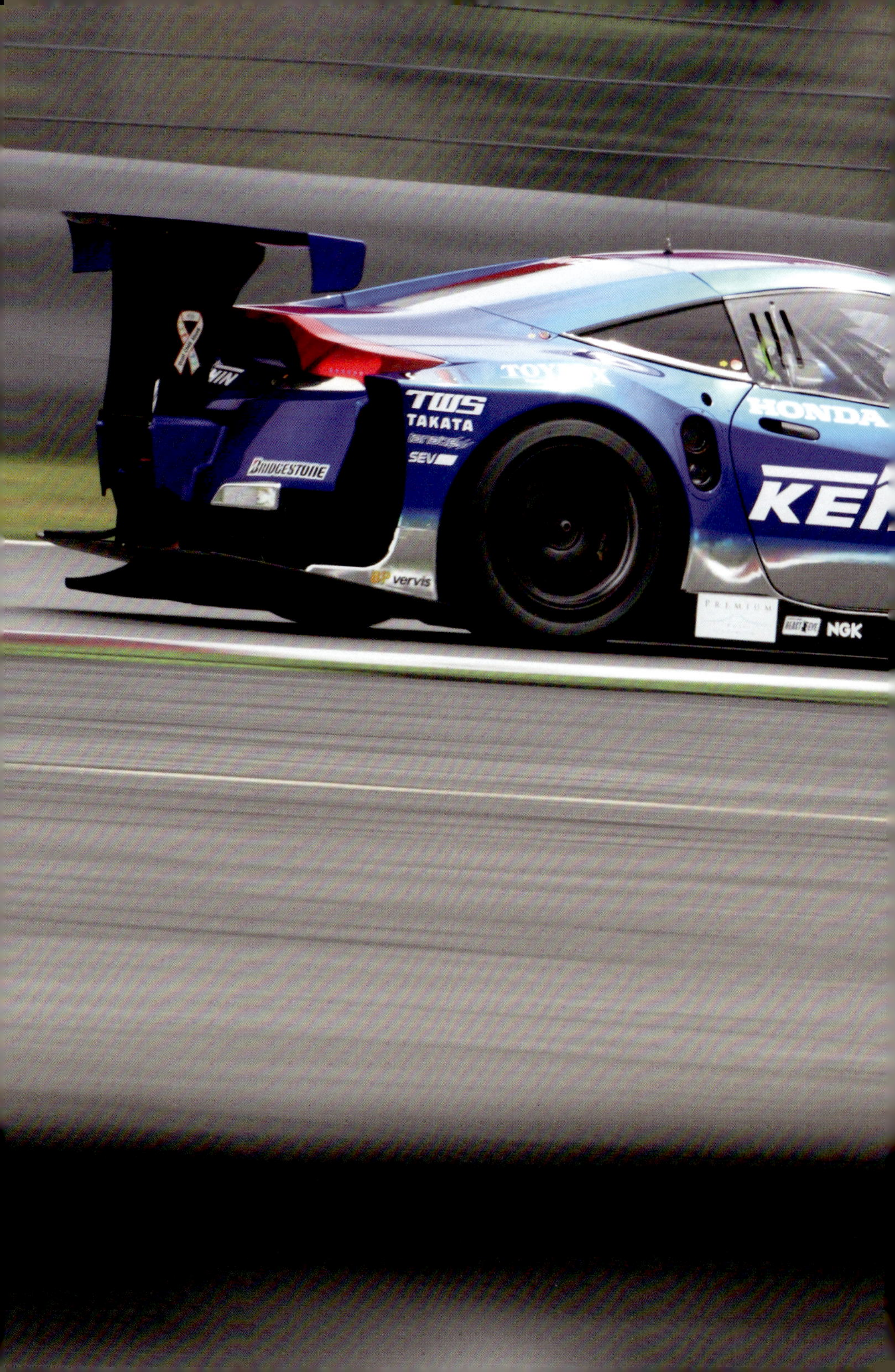
TWS
TAKATA
SEV
BRIDGESTONE
HONDA
vervis
PREMIUM
NGK

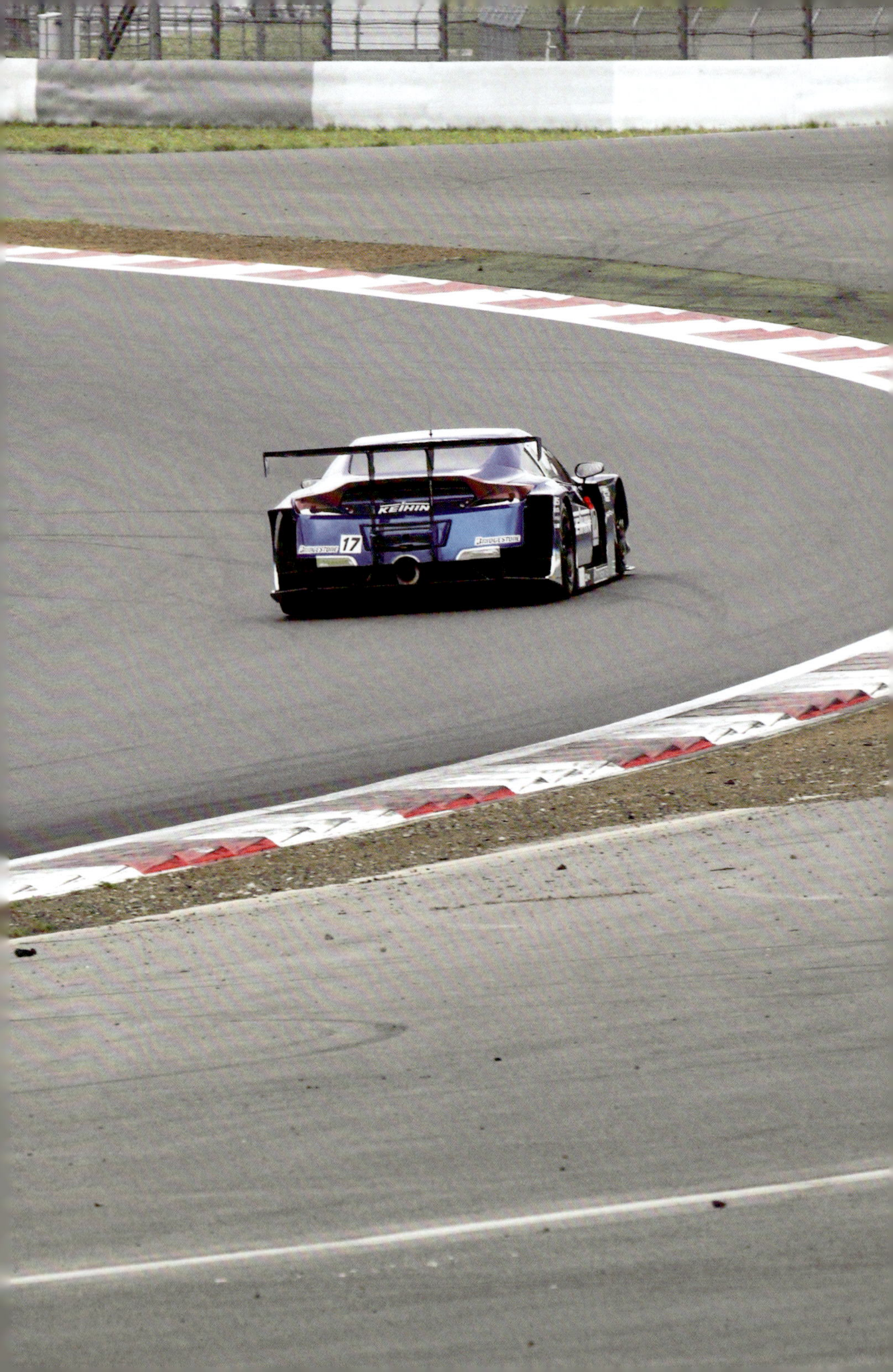
KEIHIN
17
BRIDGESTONE

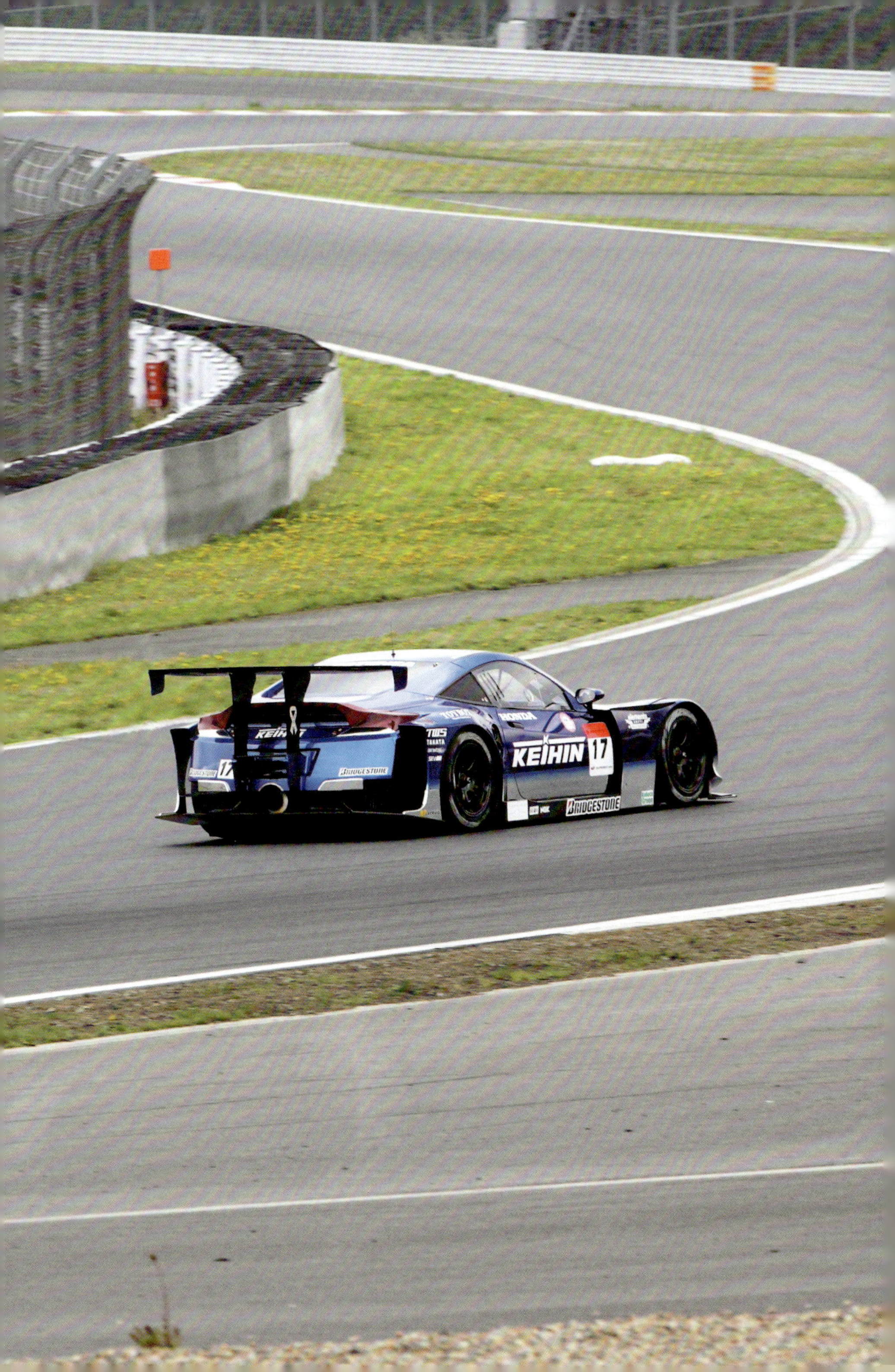

300km/h

ストレートやコーナーで繰り広げられる限界のスピードバトル

目の前を次々と走り抜けていくGTマシン。まず初めに圧倒されるのは、あのエンジン音だろう。なかでも最高時速300km近くを叩き出すGT500クラスのエンジン音は、さながらモンスターの咆哮を思わせ、臓腑まで震わせるその響きはテレビ観戦では絶対に味わえない迫力に満ちている。

時速300kmといえば、ジャンボジェットの離陸時の速度、あるいは新幹線の最高速度とほぼ同じである。まさに異次元のスピードだが、GTマシンはそうした超高速度でも安定して走行できるよう設計されているため、ストレートコースを真っ直ぐ走らせているかぎり、スピードへの恐怖はほとんど感じないという。

そもそもSUPER GTでは、各マシンのエンジン出力が同じになるようルールで定められているため、ストレートスピードでは差がつきにくい。では、何で差がつくのかといえば、やはりコーナリングのスピードである。コースアウトしないで曲がり切るには当然スピードを落とさなくてはならないが、落とし過ぎるとそのぶんスピードアップに時間がかかり、タイムは遅くなる。

このように操作や判断ミスが起こりやすいコーナーは、絶好のオーバーテイクのチャンスでもあるため、コーナーをいかに速く、ベストなラインで走り抜けていくかが勝負のポイントとなり、場合によっては数cm単位でテール・トゥ・ノーズを演じるそのギリギリのバトルがスリリングな

場面を生む。

こうしたコーナリングを支える要の技術が、モータースポーツの最高峰F1レベルの先進テクノロジーを利用した空力技術である。空気の力で車体を地面に押しつけるダウンフォースが強力に働くため、マシンを速くコーナリングさせても、コースアウトすることなく、きちっと地面を捉えて走ることができるのだ。

「鈴鹿サーキットには130Rというコーナーがあって、そこはカーブがゆるやかなので、各マシンが全開で走り抜けていきます。そのスピードは、GTマシンで時速250kmぐらい、F1マシンで時速290kmぐらいだから、車重の違いなどを加味するとかなりのスピードが出ていることがわかると思います。いわゆるハコ車と呼ばれる市販車ベースの車輌は、F1のようなフォーミュラマシンに比べると車重が重く、空力的にも劣ると思われがちですけど、SUPER GTのマシンに関してはかなり高レベルな空力性能を備えています。だから、あれだけのスピードでコーナーを曲がることができるのです」とチーフエンジニアの大神槙也は語る。

極限まで空力性能を高めた各マシンが、爆音を響かせながらときに時速200kmを超えるスピードでコーナーに飛び込んでいく。その限界ギリギリの領域で、ドライバーはブレーキやアクセルのタイミングを見極め、シフトチェンジにステアリングといった操作をミスなく完璧に行い、最短で駆け抜けていく。サーキットにはあらゆる種類のコーナーがあり、コーナーの数だけドラマがある。最高時速だけでは語れないスピードの妙がそこにはある。

コーナーをいかに速く走るか

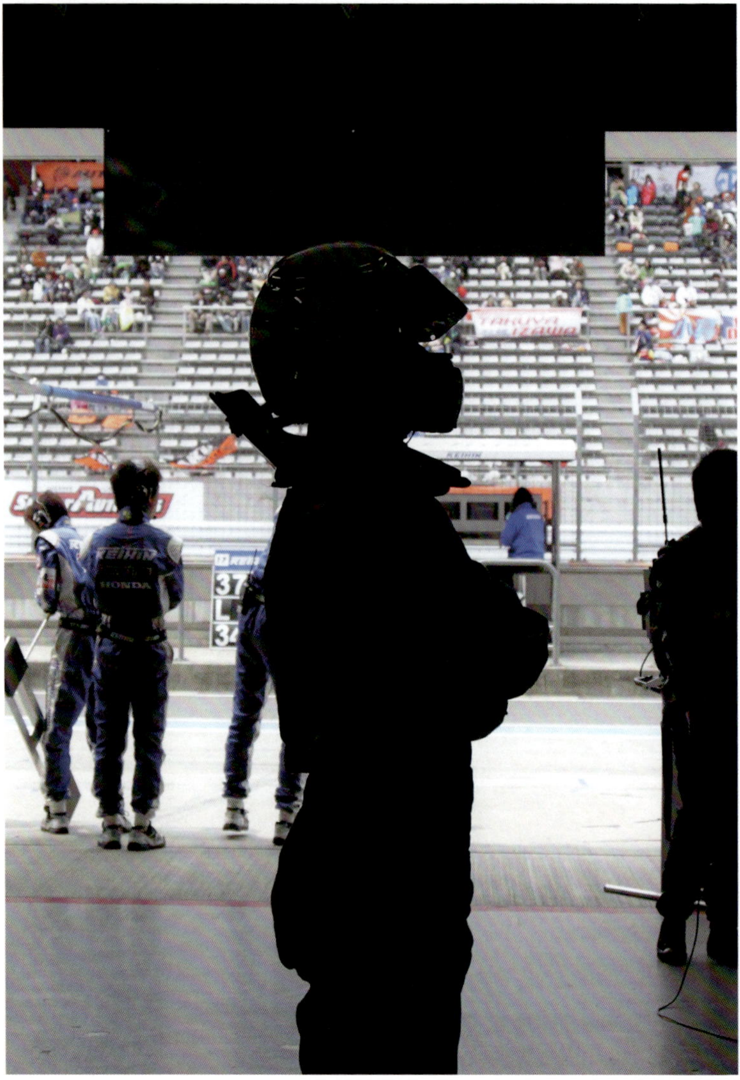
HONDA
37

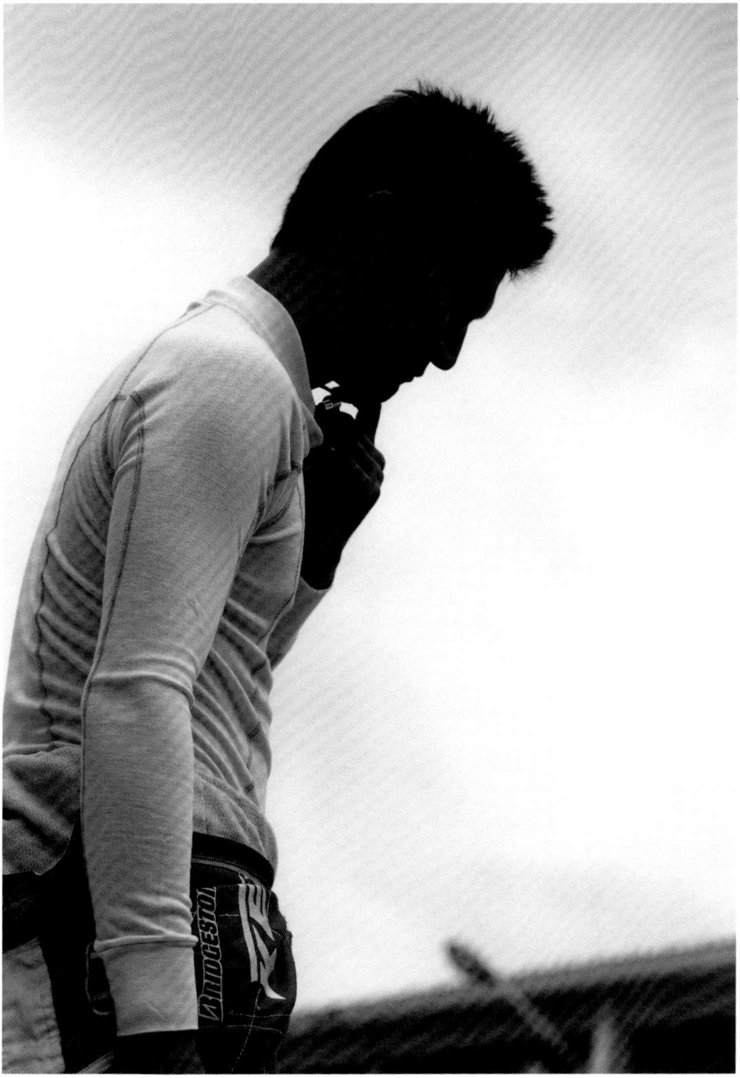

age 30

一瞬に命を懸けるトップアスリートたち

ただ座って上手に運転をしているだけ——。レーシングドライバーに、そんなイメージを持っている人がいるとしたら、それは大きな思い違いである。彼らは、苛烈な状況下で、全身の感覚と筋肉、そして頭脳を総動員してドライビングしているのだ。

ドライバーがレースで勝つために必要なことは、最も効率のいいラインを、誰よりも速いスピードで駆け抜けることである。言葉にするとシンプルだが、天候や路面状況によって刻々と変化するマシンのコンディションを把握しながら、一瞬の判断でステアリングを素早く操り、ブレーキとアクセルペダルを巧みに脚でコントロールし、ときにライバルマシンと数cmの距離まで接近した状態でコーナーを曲がっていく。加減速やコーナリングのたびに襲いかかる強烈なGに耐え、真夏は60度に達することもある灼熱の運転席で、およそ2時間のレースを走り切るのだから、ドライバーは苛酷である。

とくに、SUPER GTのように速いマシンだと、Gのプレッシャーは格段に上がり、コーナーを回るときにかかる横Gは3.5Gから4G程度にもなる。胴体はシートベルトで固定されているものの、頭部は自分の首で支えなくてはならないため、実に体重の4倍もの力が首にかかっているのだ。一般人であれば、1周ももたないどころか、下手をすると気絶してしまうレベルである。だから、どのドライバーも筋力トレーニングに余念がない。

そして何より1トンを超えるマシンが時速300km近くで走っているのだから、ミスやイレギュラーがあれば、間違いなく命にかかわる大事故につながる。**彼らドライバーの緊張感は凄まじく、レース中の心拍数は180ぐらいまで上がるという**。一般に安静時の心拍数は、男性で60から70程度だとされているので、単純に3倍もの負荷がかかっている計算になる。それほどの緊張状態にありながら、ドライバーは決して集中力を失うことなく、正確な判断と操作を素早く連続して行い、1000分の1秒単位でのシビアな戦いを繰り広げているのだ。強靭な精神と肉体を備えた彼らは、その意味でまぎれもないトップアスリートといえるだろう。

SUPER GTには、各チーム2名のドライバーが所属し、レース中に最低1回は交代することがルールで定められている。現在、GT500クラスに参戦しているドライバーは30名を数え、その平均年齢は30歳（SUPER GT 2011シリーズ）になる。身体が資本となるアスリートには、だいたいピーク年齢というものがあるが、モータースポーツに関していえば、それは速さにしたたかさが加わる30代前半だという。

KEIHIN REAL RACINGのドライバーは、金石年弘（32歳）と塚越広大（24歳）の2人が務めている。金石選手は、11歳のときに初めてカートに乗り、全日本カート選手権で2度チャンピオンを獲得した後はF1の登竜門であるF3選手権に参戦、2001年のドイツF3選手権では総合チャンピオンを獲得するなどのキャリアを持つ。一方の塚越選手は、2004年に鈴鹿サー

キットレーシングスクール フォーミュラを首席で卒業し、翌年のフォーミュラドリームでは全戦ポール・トゥ・ウィンでシリーズチャンピオンを獲得した。両者ともに速いドライバーだが、かたや円熟期を迎え、かたや伸び盛りという意味では好対照の存在であり、そうした年齢やキャリアの違いは、実際に走る姿勢にも表れている。

例えば、レーシングドライバーであれば、誰よりも速く走りたいと思うのは当然だが、塚越選手はとくにそのこだわりが強い。

「速いタイムを出すことがドライバーの最低限の条件だと思います。だから、僕は常にベストを尽くし、速く走ることを心がけています。終わった後に『ああすればよかった』と後悔するのがイヤなので、とにかく全力で走って自分の力を出し切る。前に誰かいるんだったら早く追いついて、トップにいるんだったら絶対に追いつかれないようにする。レースの最中はそのことだけを考えて走っていますね」

もちろん、金石選手も速さへのこだわりはある。しかし、これまでの経験から、冷静に自分のポジションを理解し、その使命を自覚している。

「レースの魅力は、やっぱり速さであることに間違いありません。僕自身、未知のスピードに挑んでいくその感覚に引き込まれ、若い頃はとにかく誰よりも速くという気持ちで走っていました。でも、いろいろと経験を積むうちにそれだけでは戦えないことを学びました。モータースポーツというのは、チームスポーツなんです。だから与えられた仕事をきっちりこなすことがすごく重

要なんです。とくにSUPER GTの場合は2人のドライバーで走るから、自分勝手なことはできない。僕はスタートを任されることが多いので、きっちりと走って、いい流れで次の広大につなげることが仕事。もし僕がミスをして、それこそクラッシュしてしまったら、簡単にレースが終わってしまうわけですからね」

冷静であることはドライバーにとって重要な資質だが、下手をすると勝負どころで躊躇してしまうこともある。逆に、アグレッシブに攻めていく姿勢も大切だが、そのぶんミスを犯す確率も上がる。金石選手と塚越選手は対照的だからこそ、お互いにいい刺激を与えあっているとチーム監督の金石勝智は話す。

「レースの場合は、やっぱり最終結果がすべてです。いくら最速ラップを叩き出しても、クラッシュなんかしてリタイアしてしまったら何の意味もありません。ウチのドライバーたちは、お互いが相手の走りを見て、自分に足りないものを感じてくれているので、そういう意味でも理想の体制だといえますね」

どんなにマシンやタイヤの性能が上がっても、結局、運転するのは人間なのだ。ドライバーの技量に加え、精神面での強さやモチベーションの維持が勝敗を分ける点に、スポーツとしてのおもしろさがある。類いまれな身体能力に恵まれ、冷静な判断と熱い闘争心をバランスよく併せ持ち、厳しいトレーニングをみずからに課すことができる者たちだけが、わずか30席しかないGT500クラスのシートに座っているのだ。

冷静な判断と
熱い闘争心

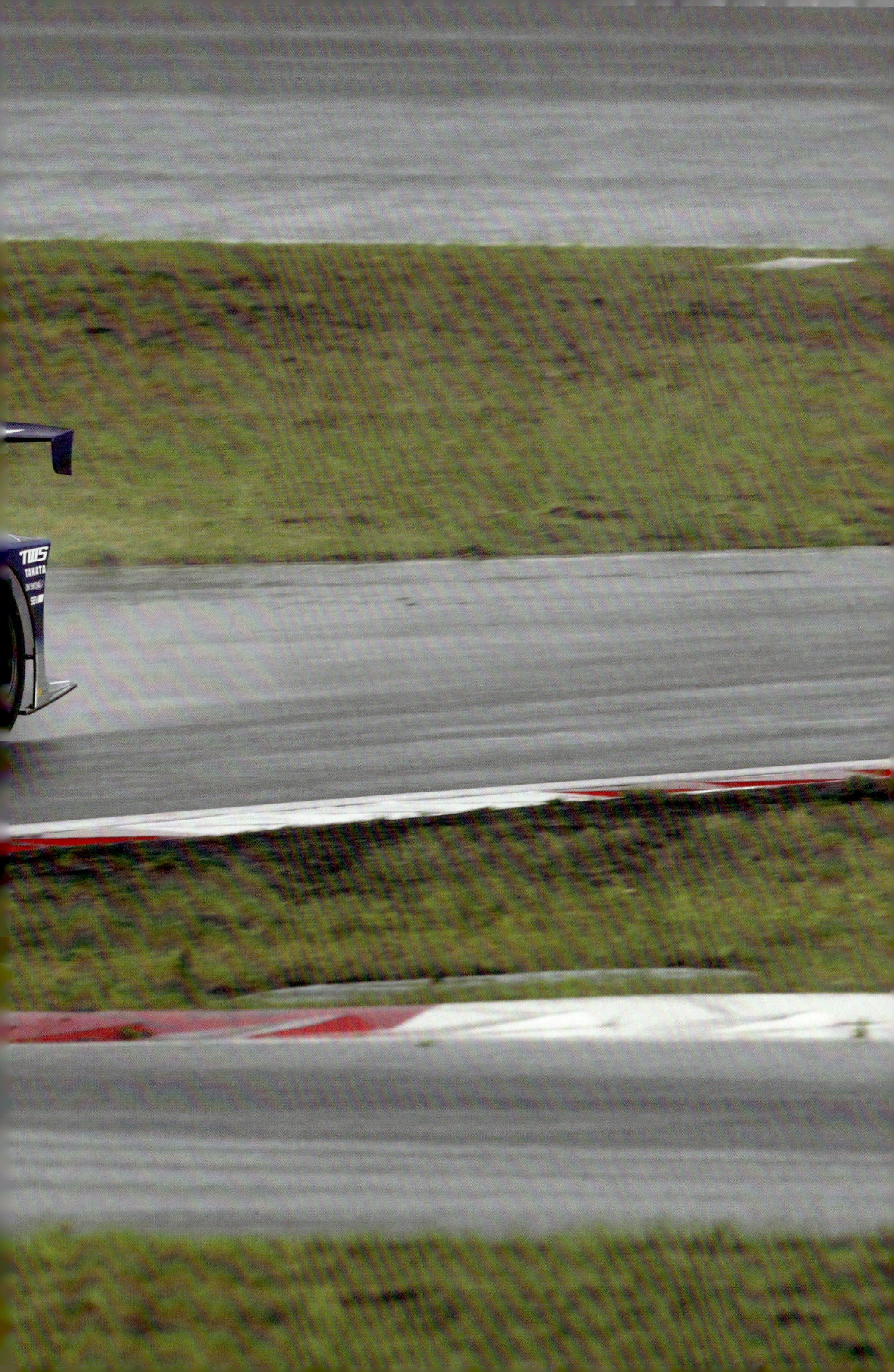
TAKATA

KEIHIN REAL RACING
がんばろう!日本
HONDA
KEIHIN
17
KEIHIN
BRIDGESTONE
BRIDGESTONE
vervis
NGK

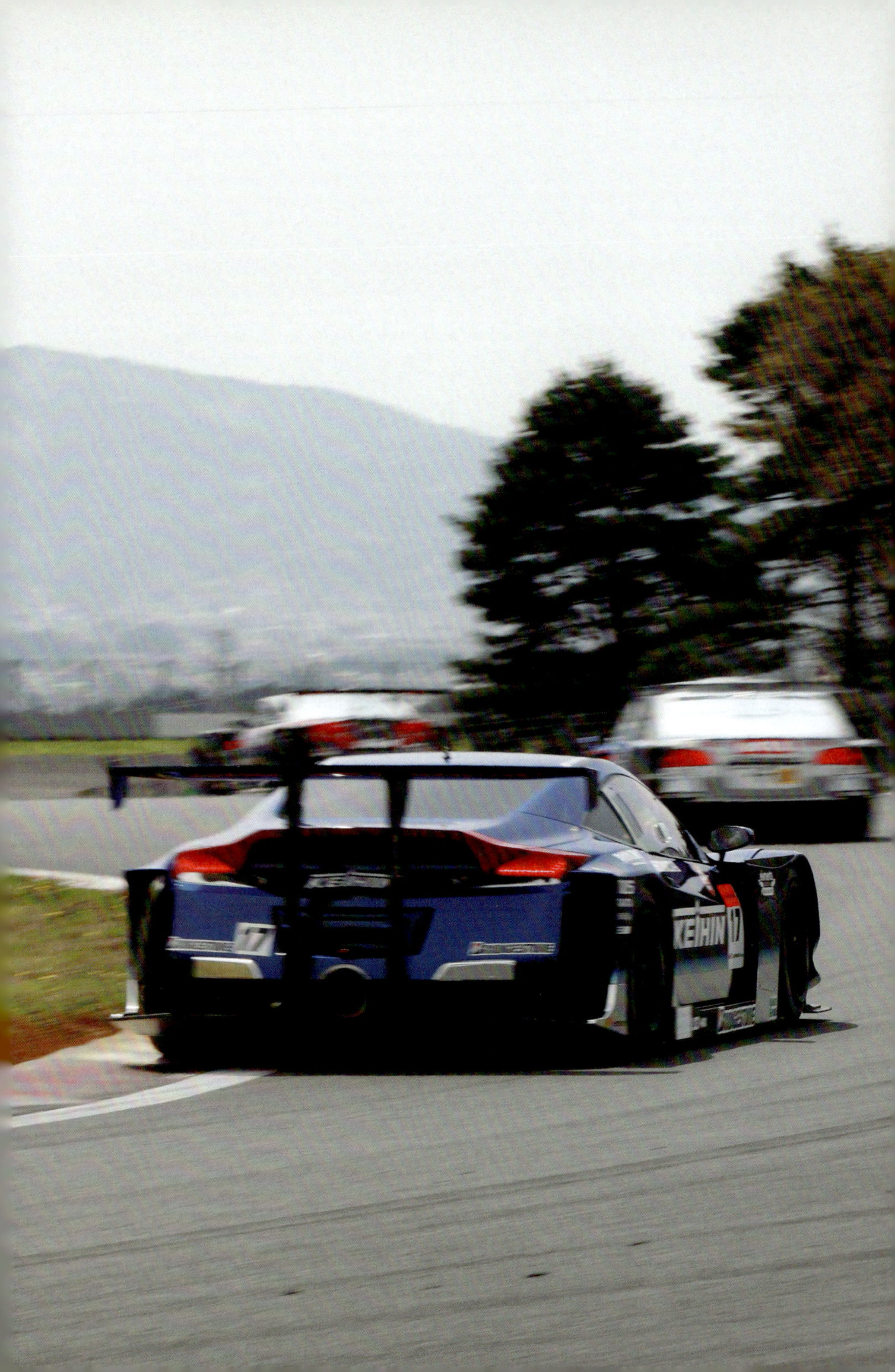
KEIHIN
17

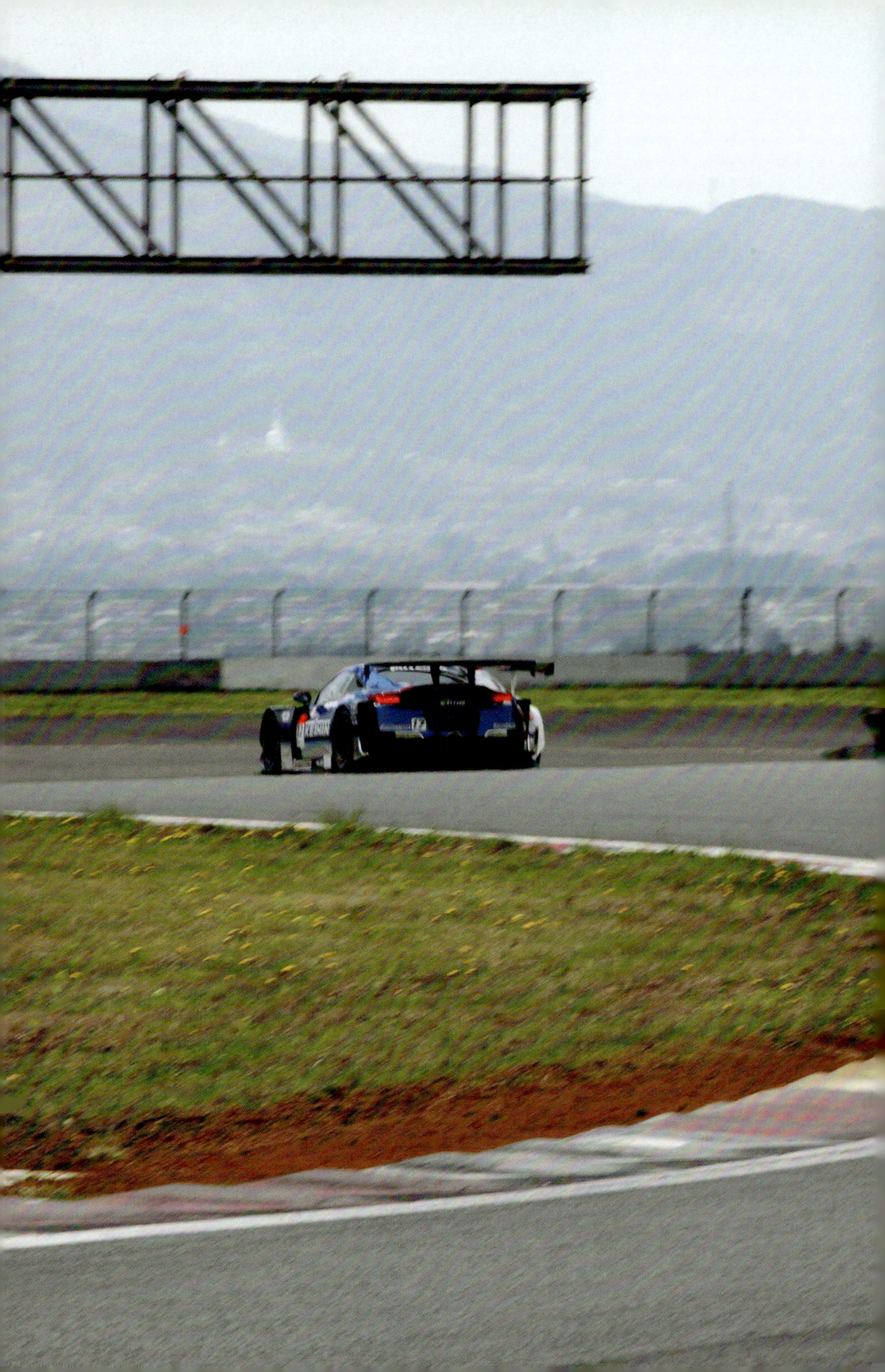

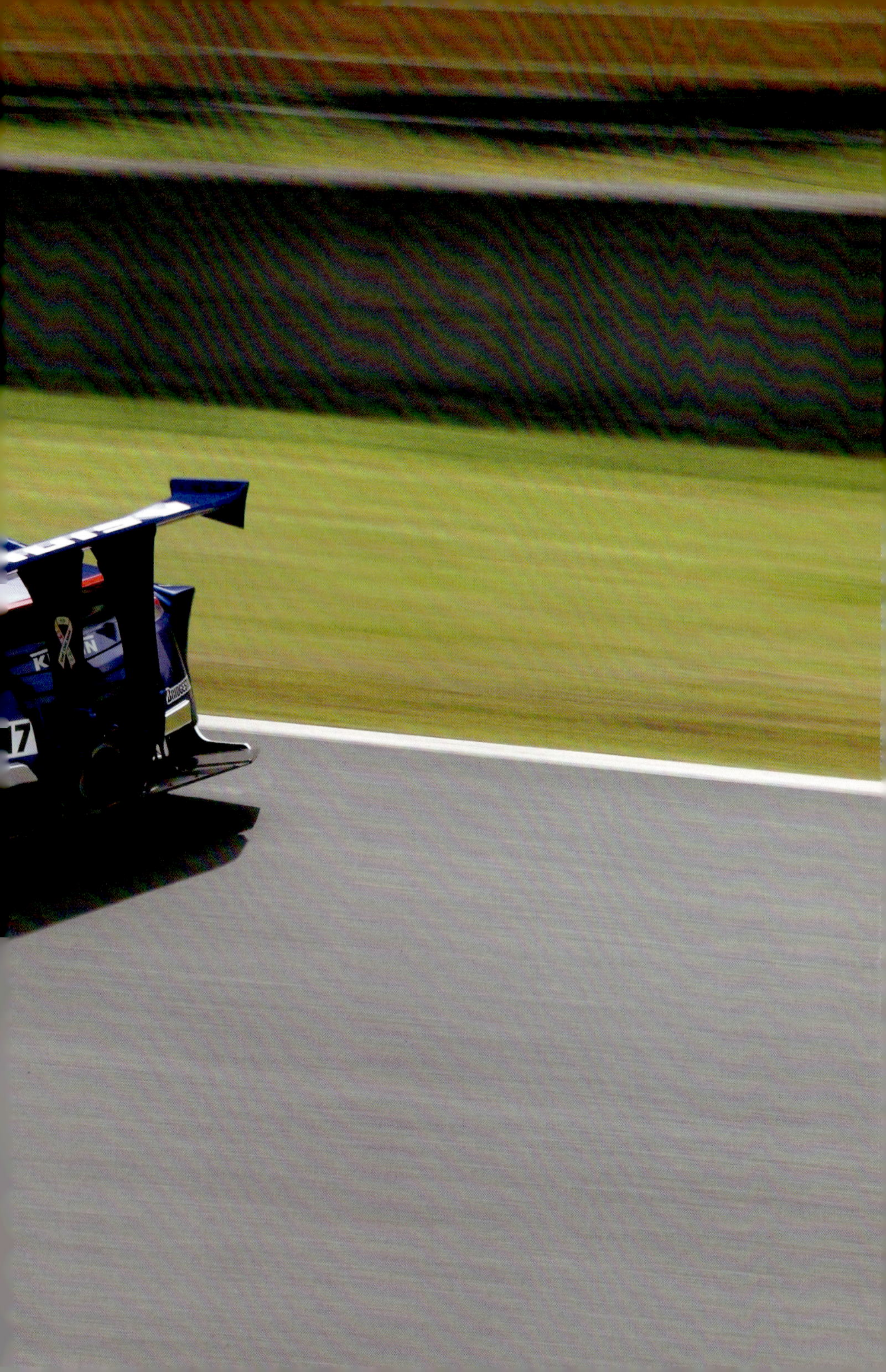

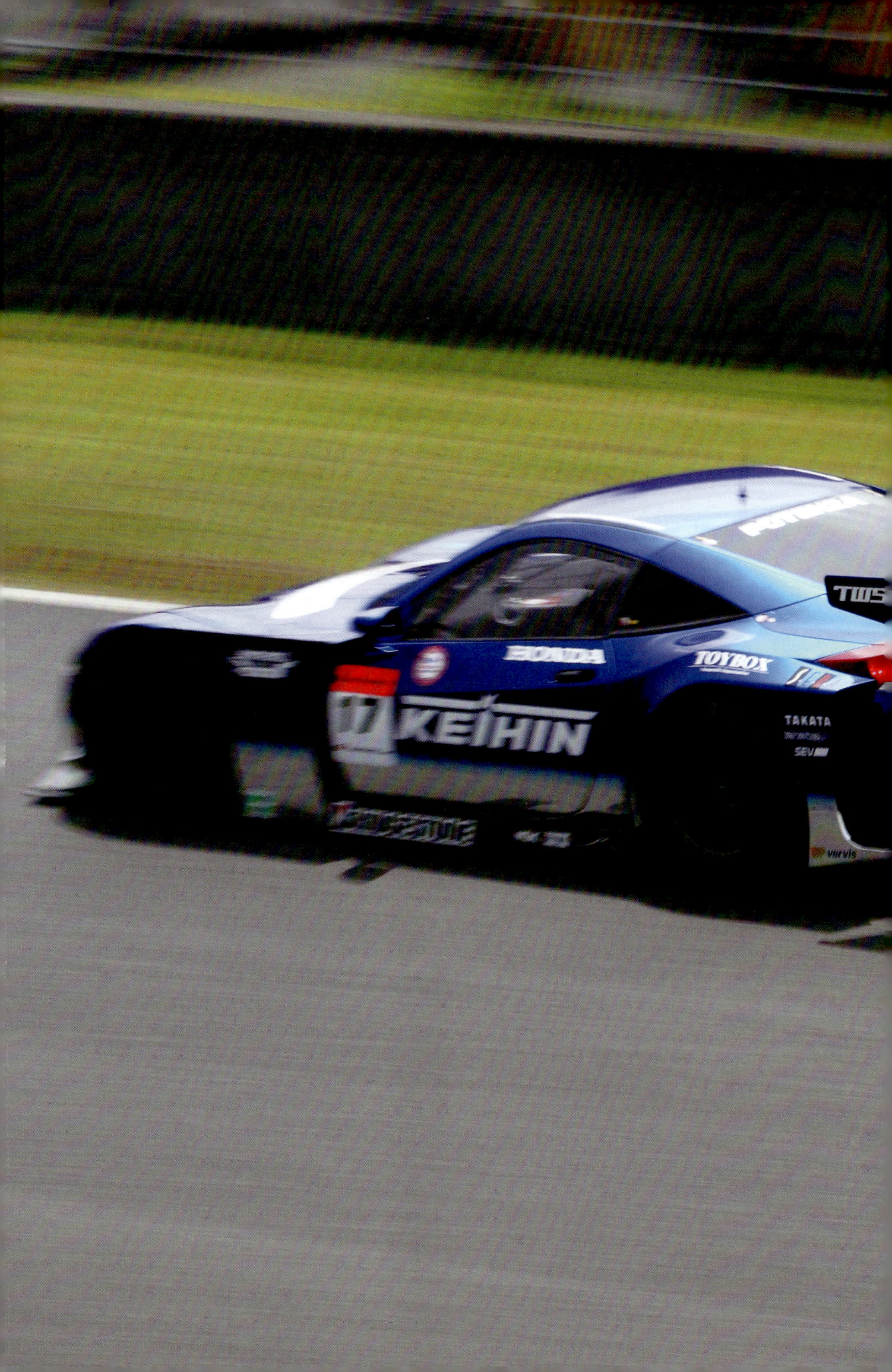
HONDA
TOYBOX
KEIHIN
TAKATA
SEV

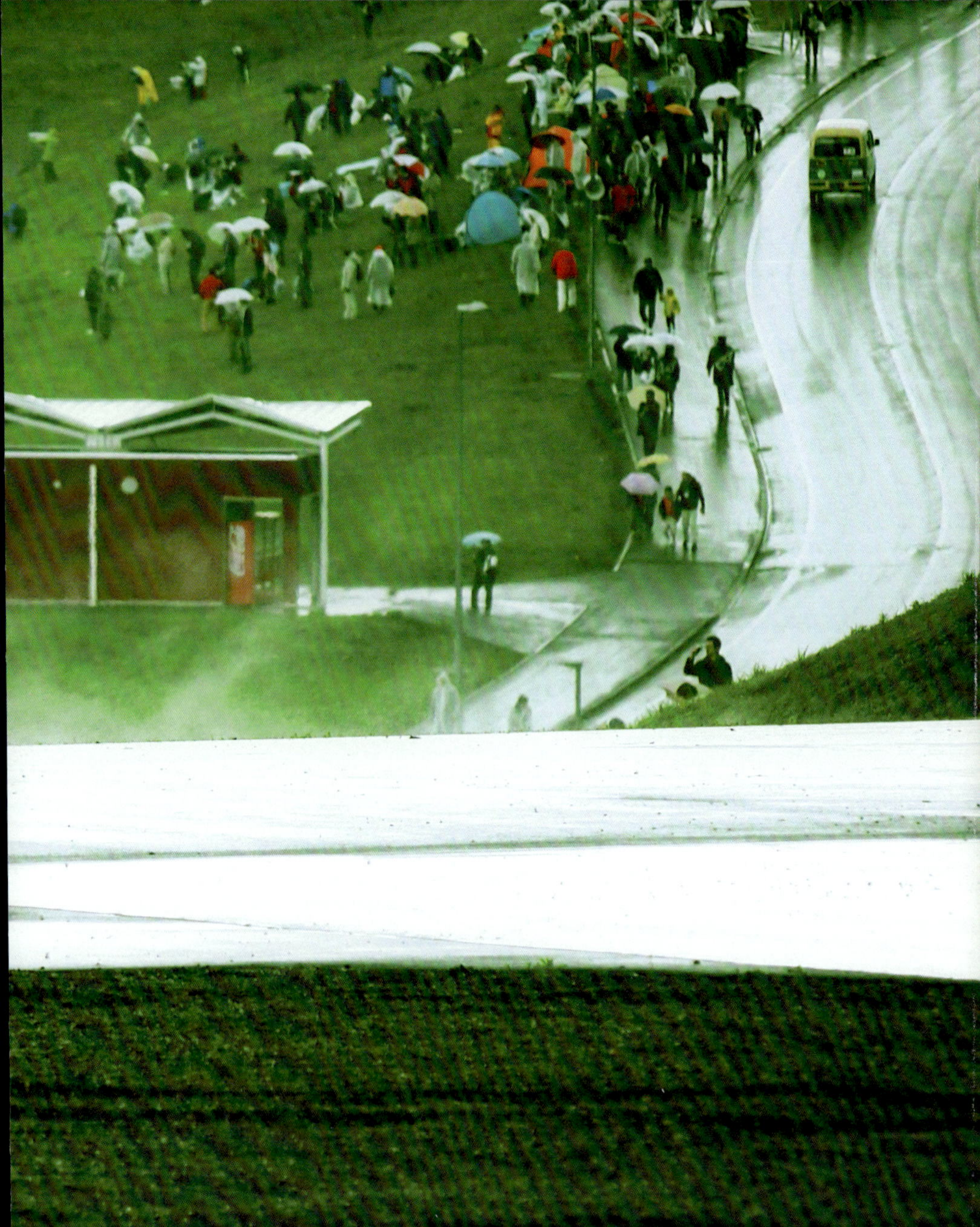

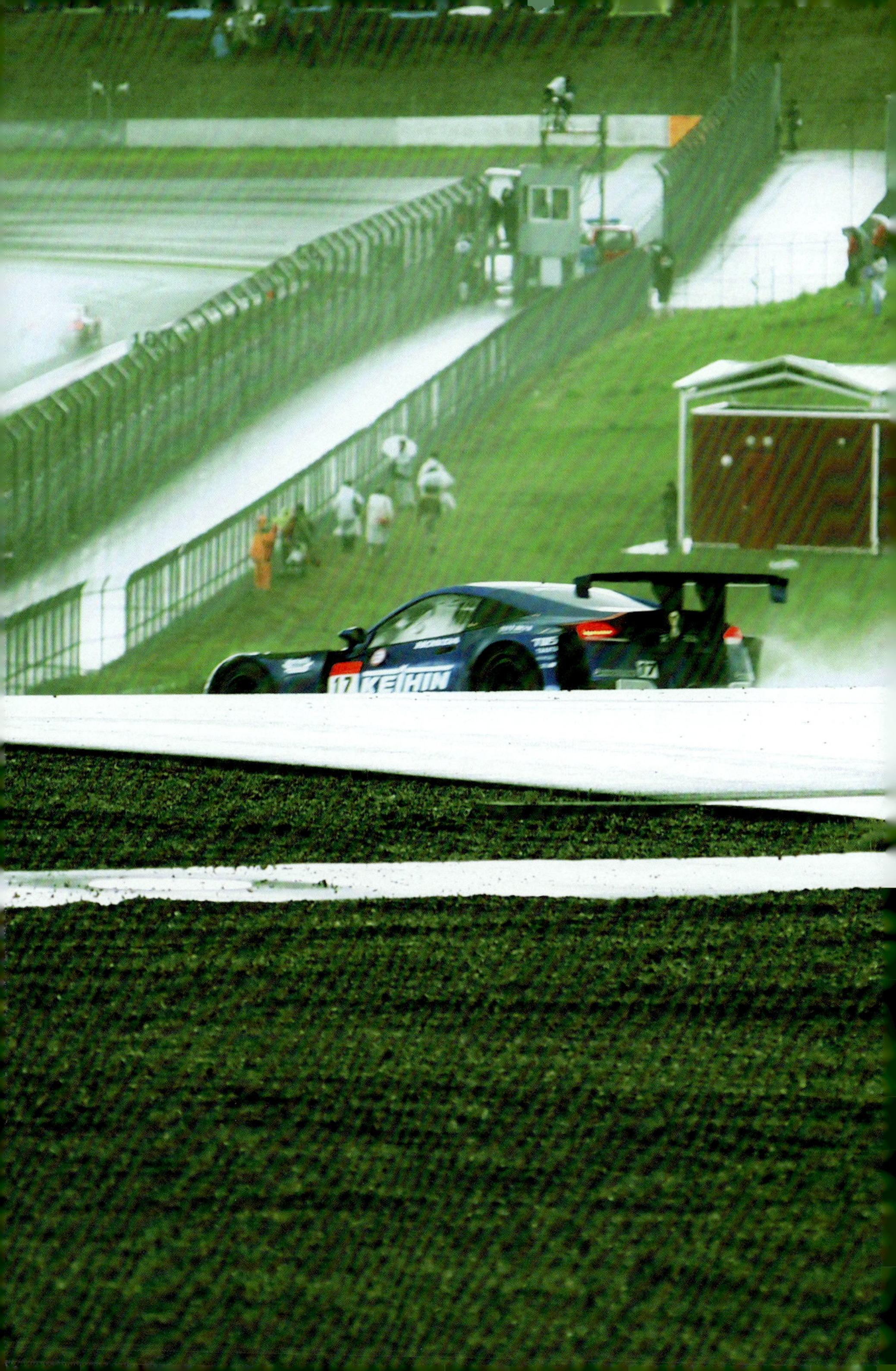
17
KEIHIN

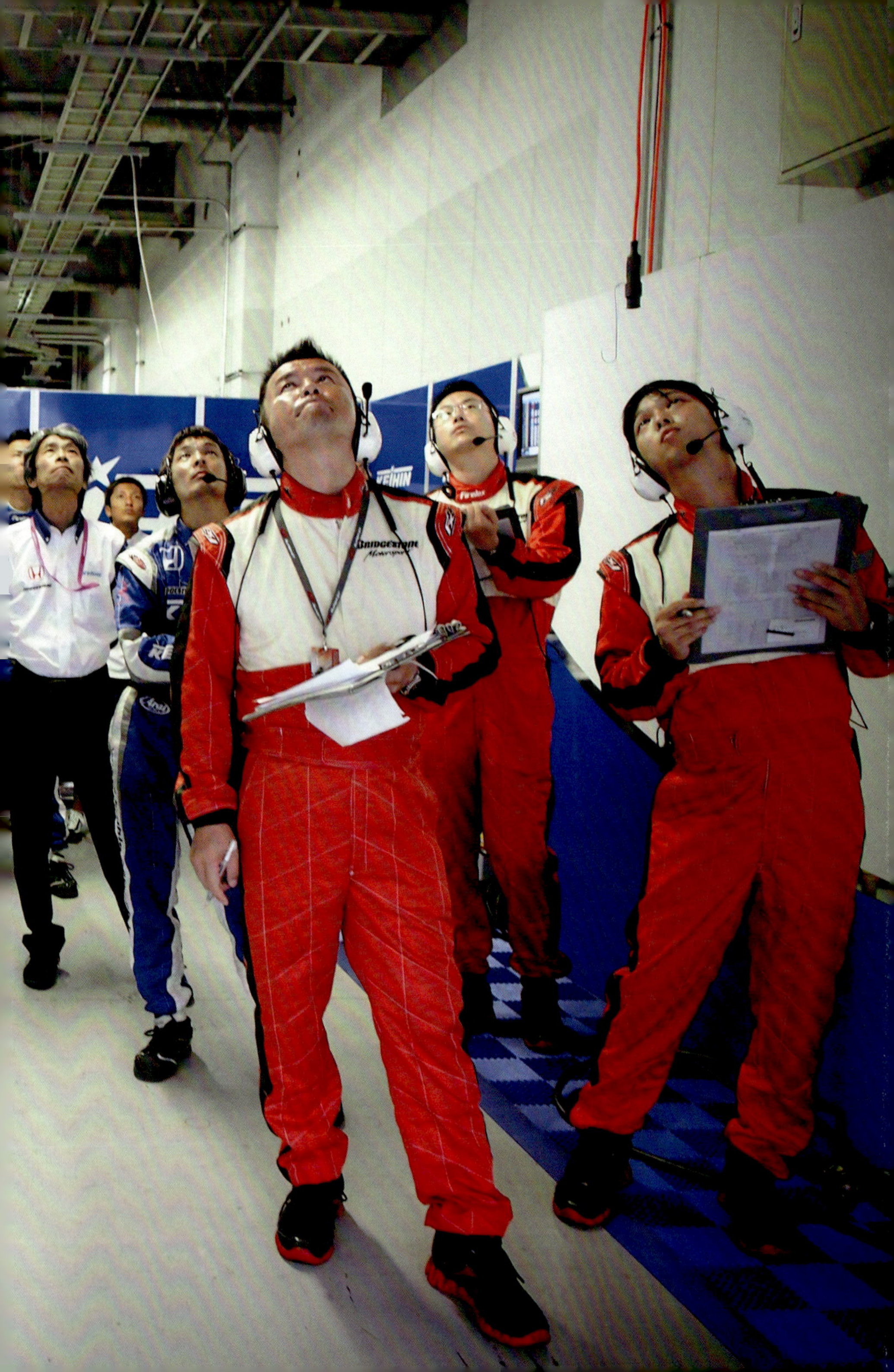
BRIDGESTONE
KEIHIN

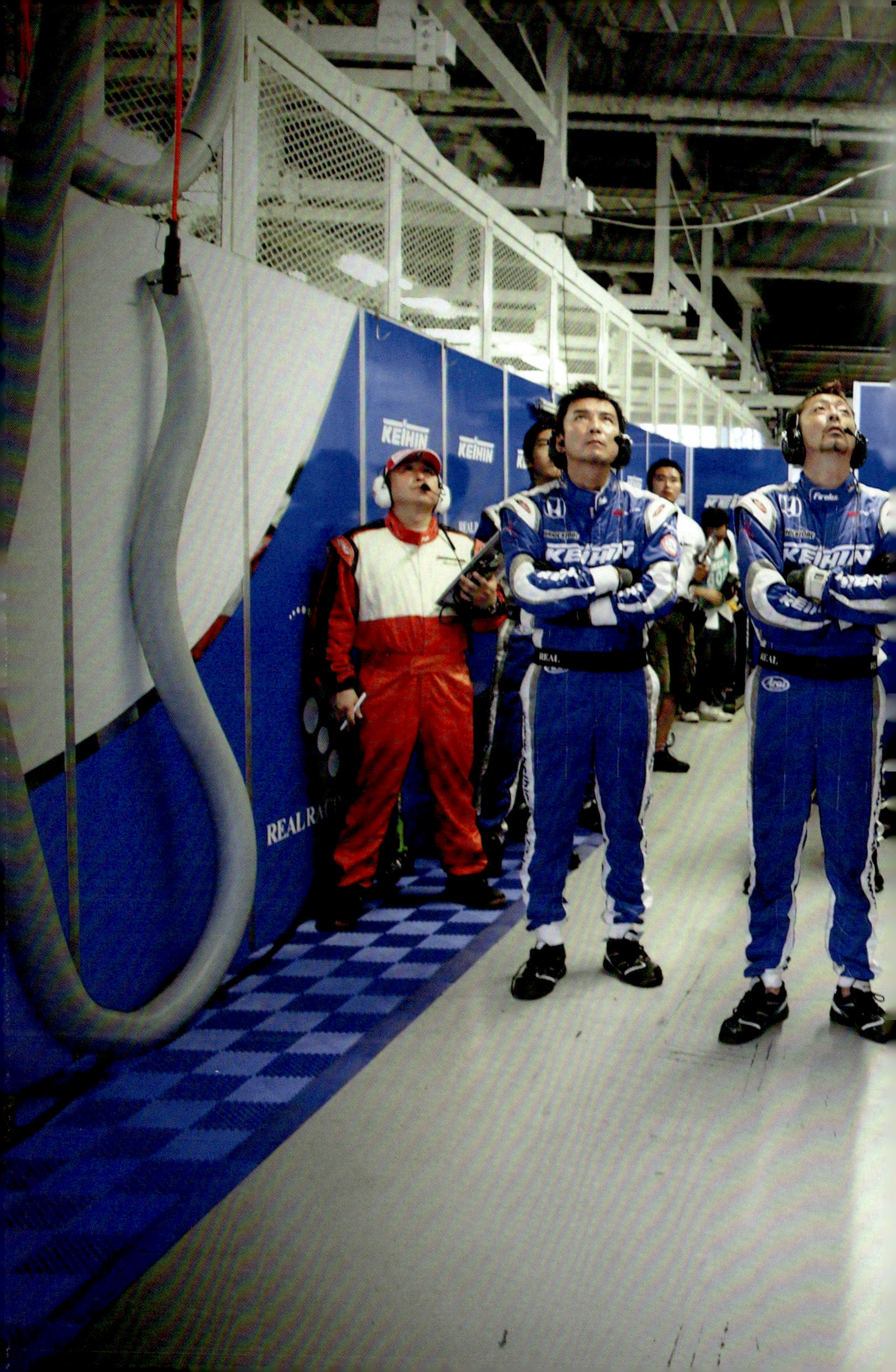
KEIHIN
KEIHIN

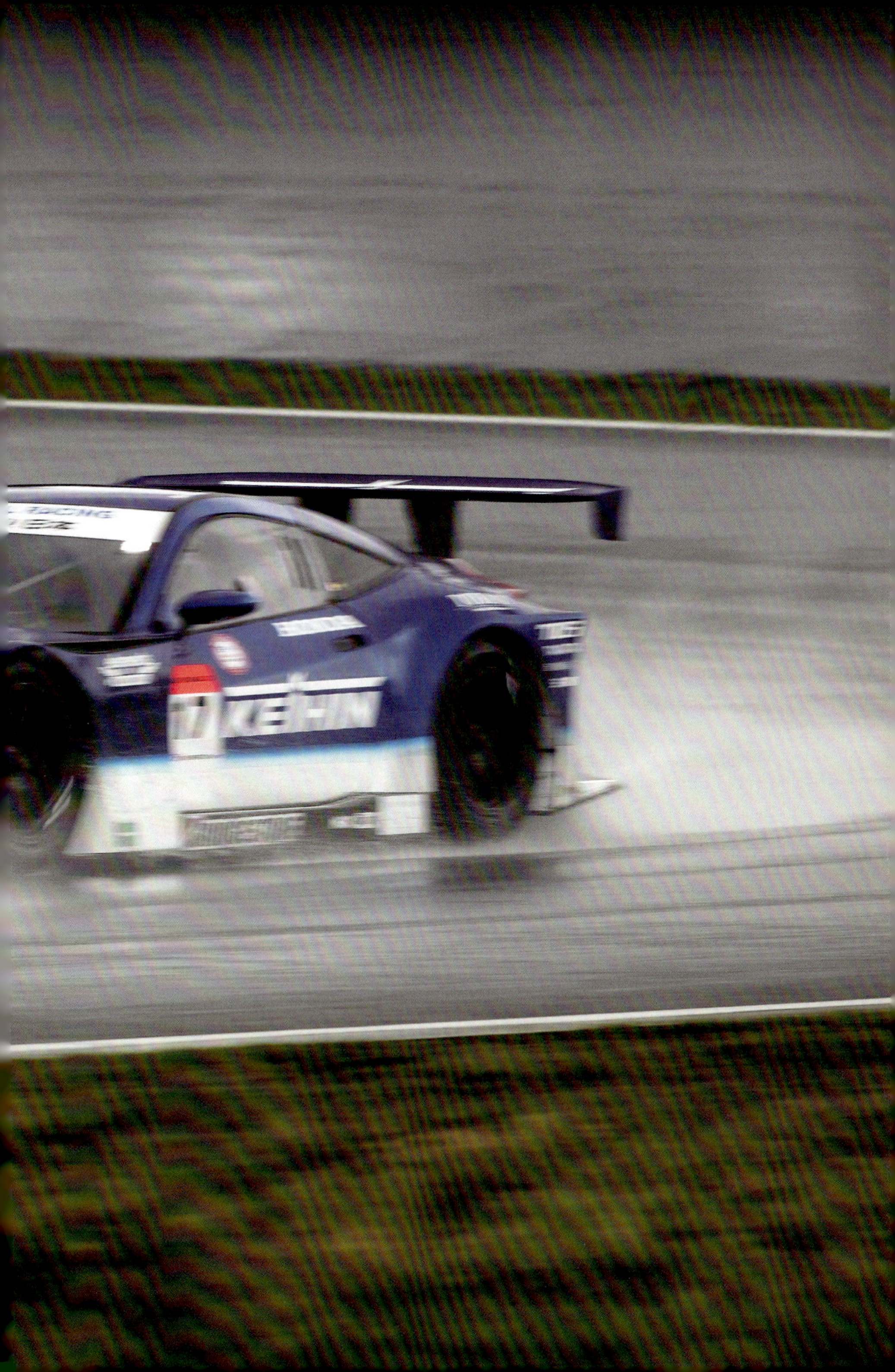
KEIHIN

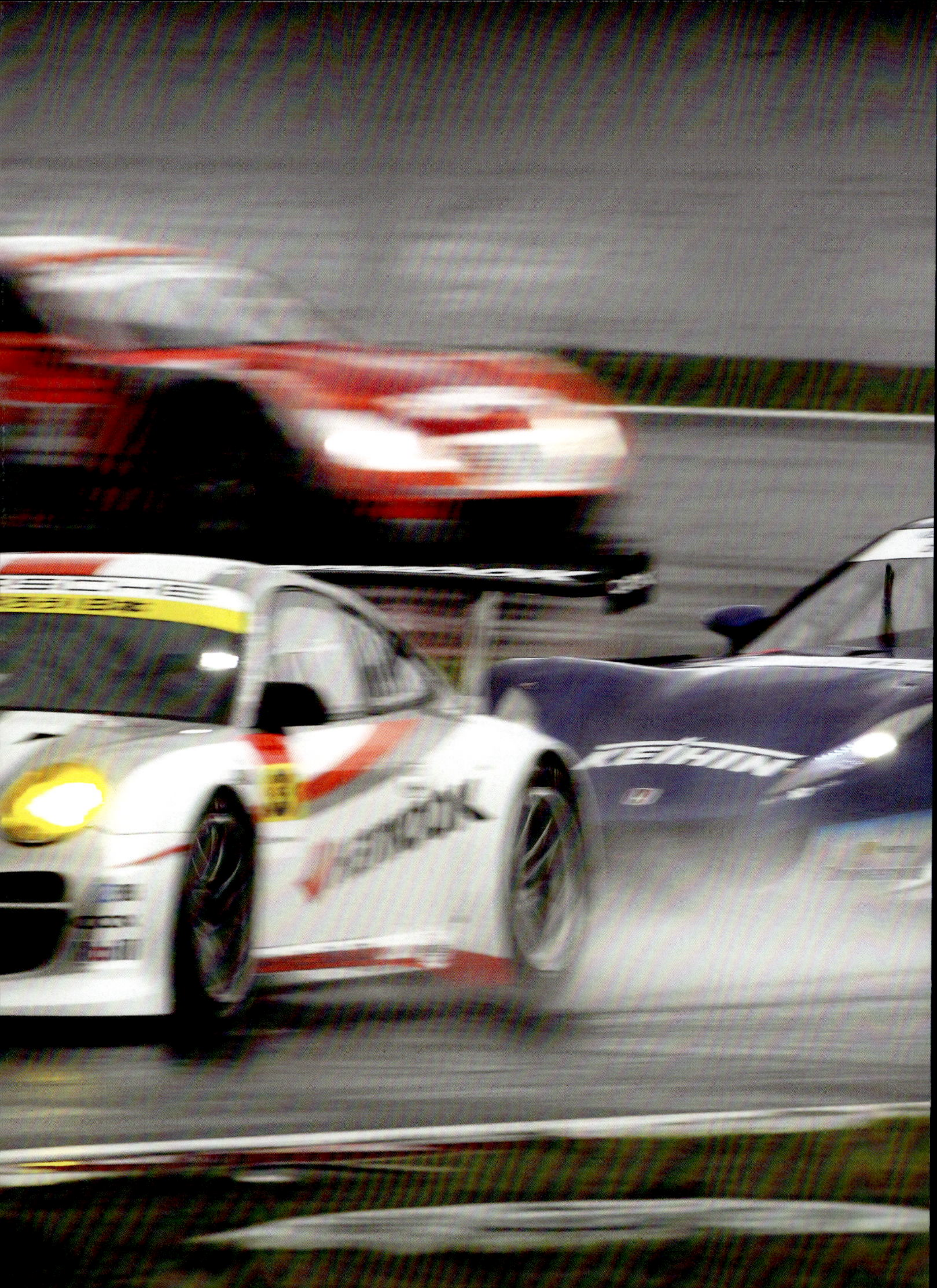
KEIHIN

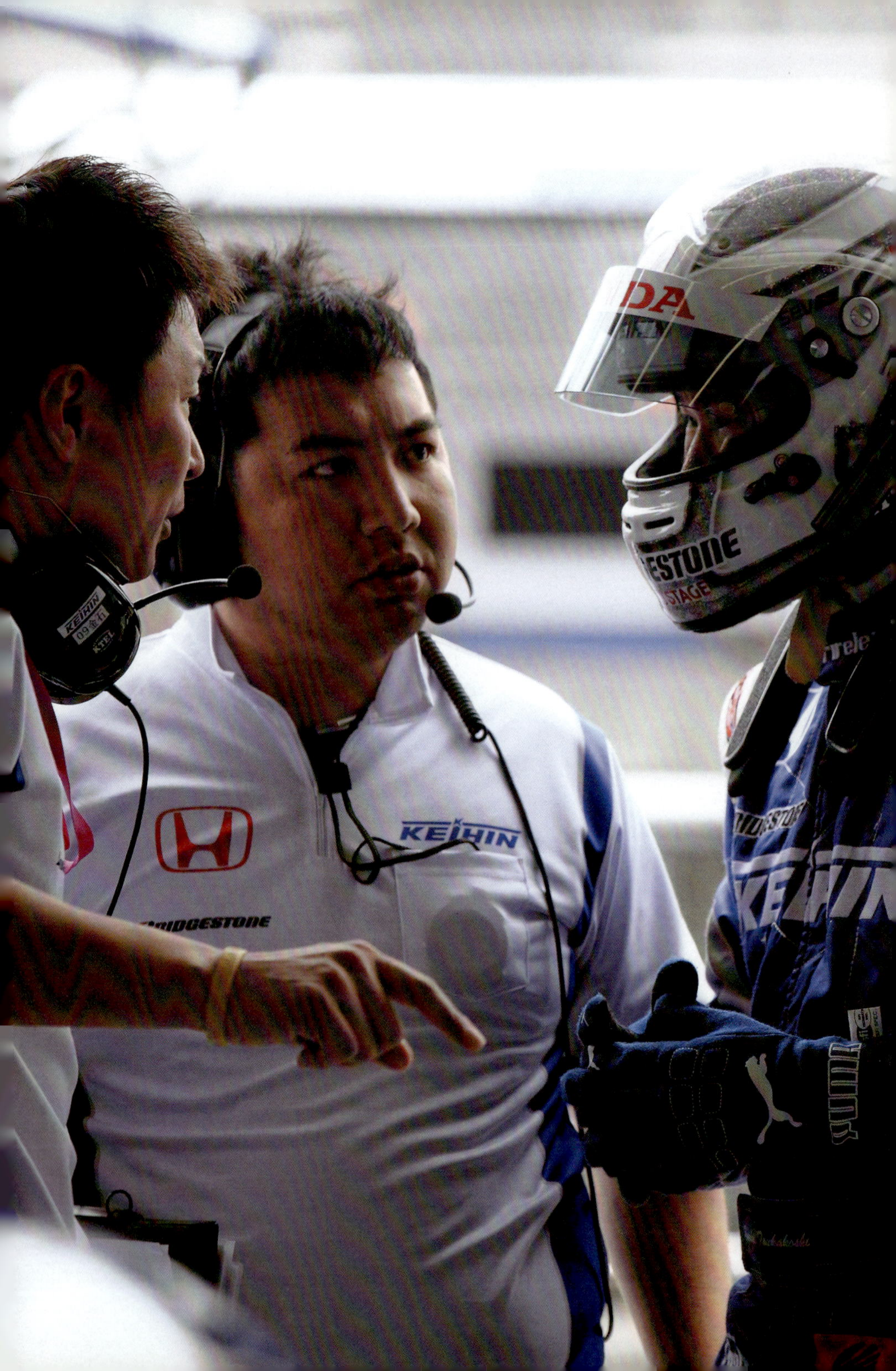
KEIHIN
BRIDGESTONE
PUMA

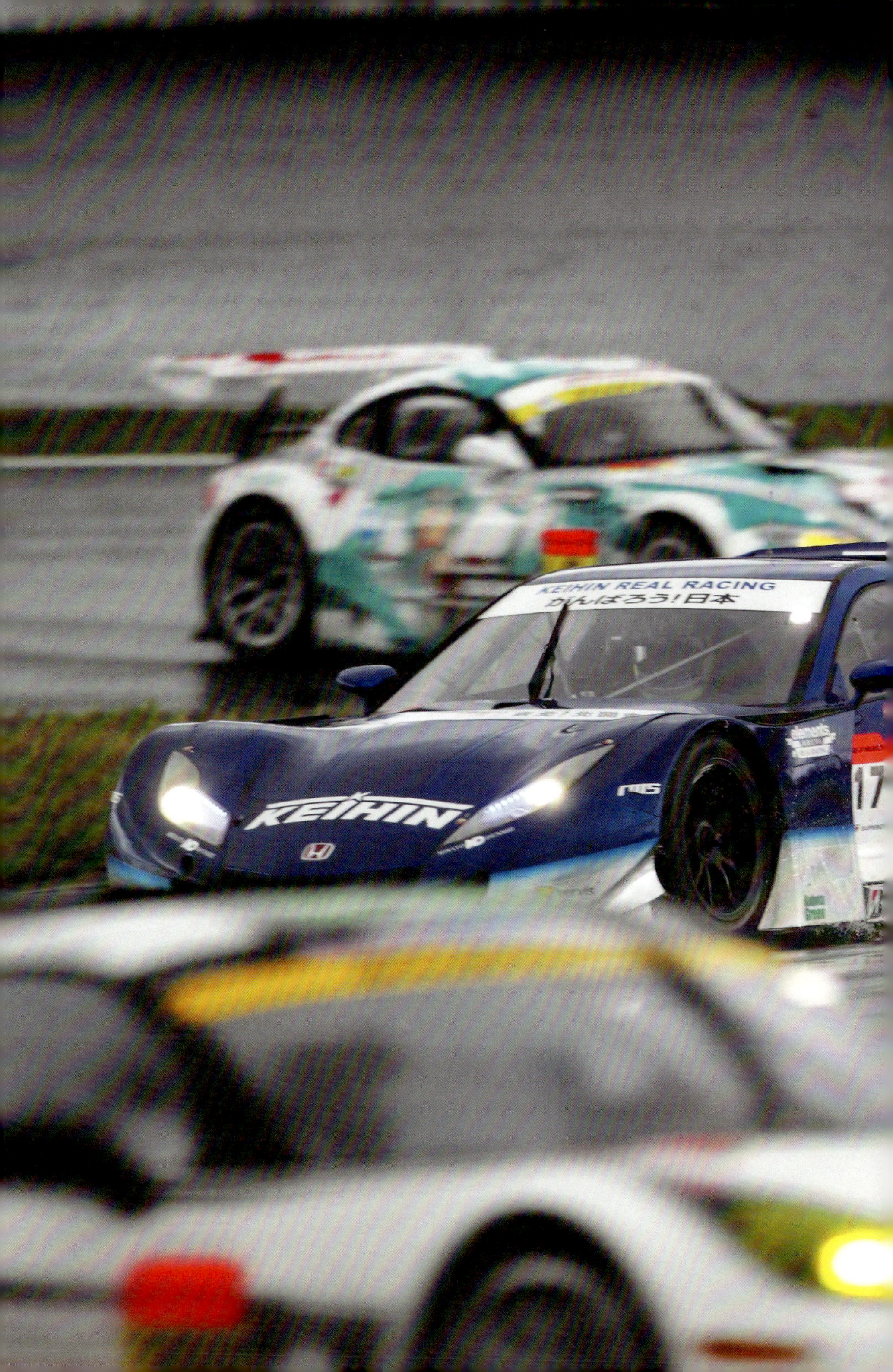
KEIHIN REAL RACING
がんばろう！日本
KEIHIN
17

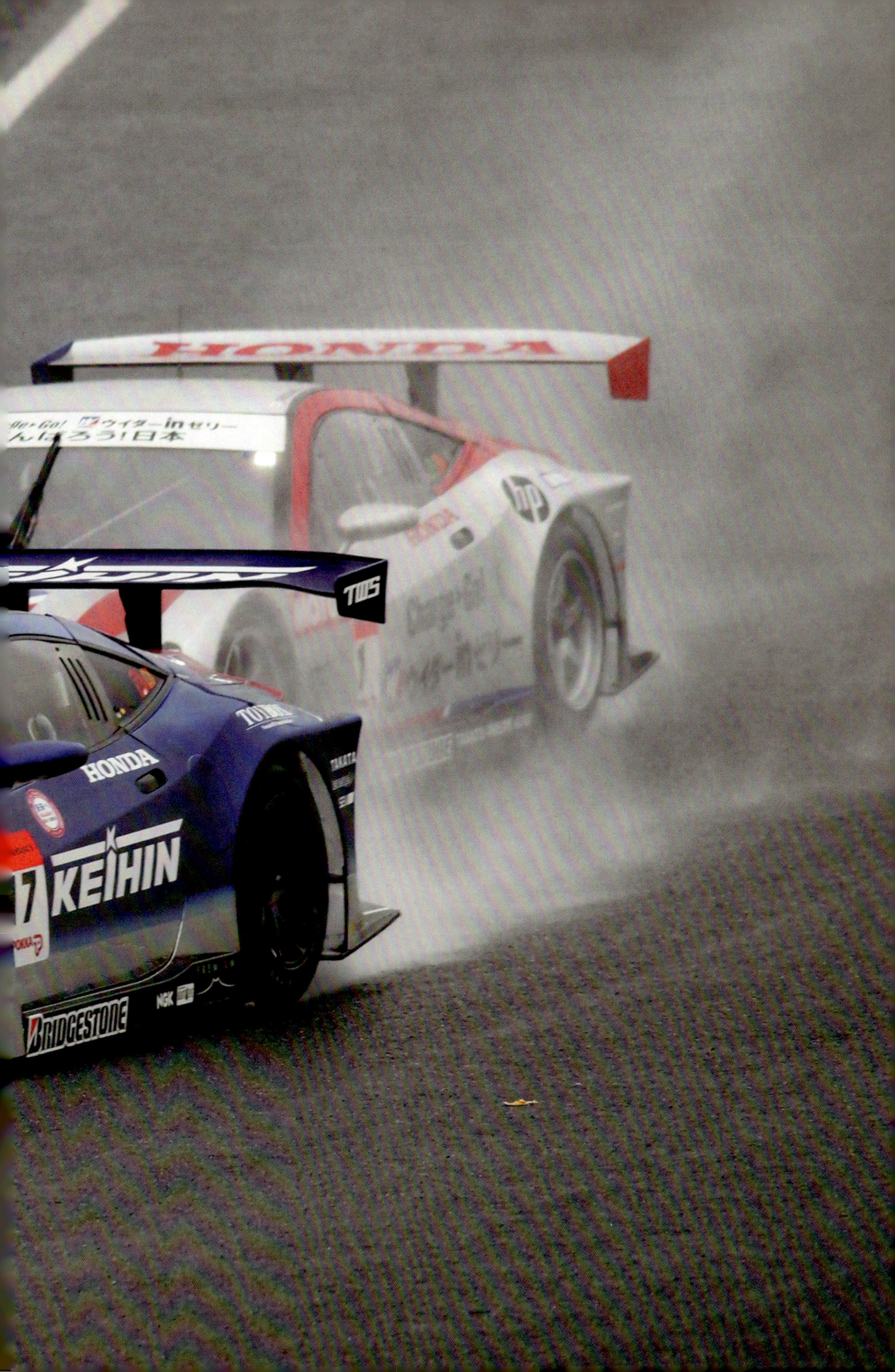
HONDA
ウイダーinゼリー
HONDA
KEIHIN
BRIDGESTONE
NGK

KEIHIN REAL RACING
がんばろう！日本
東北！北関東！
KEIHIN
TWS
vervis
BRIDGESTONE

since 1994

競争心と未知への好奇心が育んだ SUPER GT の歩み

人類は競争心や闘争心によって、その文明を発展させてきた。それと同様に、人類が本能的に持っている競争心と、未知のスピードに対する憧れが、モータースポーツをつくり上げ、育んできた。日本のモータースポーツは、1963年に、鈴鹿サーキットを舞台に第1回日本グランプリ自動車レース大会が開催されたことで本格的に幕を開ける。以降も高度経済成長にともなってさまざまなカテゴリーでレースが生まれたが、観客の人気を得られずいつしか消えてしまったものも多い。理由はいろいろ考えられるが、要するに観ていておもしろくなかったのである。

1994年、市販四輪車に改造を施した〝ハコ車〟と呼ばれるマシンで競い合う、全日本GT選手権（JGTC）が開幕した。SUPER GTの前身となるこのJGTCには、国内外の自動車メーカーが数多く参戦し、先進のテクノロジーを搭載した一線級のスポーツカーによるハイスピードの戦いは、モータースポーツファンの熱い視線を集めた。加えて、JGTCを統括していたGTアソシエイション（GTA）は、発足当初から「観る側にとっておもしろいレース」を基本理念に掲げ、そのためのルールづくりを積極的に行ったことで、1レースの平均観客動員数は3万人を超えるなど、国内の自動車レースとして屈指の人気を誇るまでに成長した。その評判は遠く海を越え、2002年からはマレーシアでもシリーズ戦が行われるようになり、2005年にはより一層の国際化を見込んで、現在の名称へと変更されたのだ。

SUPER GTでは、特定の車輌だけが突出する状況を避けるため、エンジンのパワーや車重など、さまざまな部分で性能を均衡させることが定められている。例えば、ウェイトハンディ制はそのひとつであり、決勝の成績に応じて速いマシンには最大100kgまで重りが加算されていく。結果、戦闘力に差はなくなり、予選ではコンマ何秒差の中にライバルがひしめきあい、決勝レースでは抜きつ抜かれつの激しいデッドヒートが見られることになる。

また、SUPER GTは、GT500クラスとGT300クラスとに分けられ、各クラスで優勝を争うのだが、レース自体は両クラス混走で行われるのも特徴だ。その際、速さに勝るGT500のドライバーは、周回遅れのGT300をどうかわしていくのか、それこそ後方のライバル車との間にわざとGT300のマシンを挟むといったことも含め、そこにはさまざまなテクニックや意地のぶつかり合いがあり、観る者を飽きさせない。しかも、緊迫した戦いは、何もコース上で起きているわけではない。タイヤ交換や給油を行うピットでも各チームはしのぎを削り合っている。ピットインのタイミングやピット作業でのわずかなミスは大きなタイムロスにつながることもあるため、レースの行方を占ううえでも決して見逃せない場面である。

このようにSUPER GTは、エンターテインメント性とスポーツ性が高いレベルで融合しているため、常に手に汗握る接戦が繰り広げられる。この先はたしてどんなドラマが起こり、いったい誰が勝つのか。最後の最後まで予測がつかない、まさに「観る側にとっておもしろいレース」を追求してきたからこそ、これだけ長きにわたって観客を魅了し続けているのだろう。

予測不能の
エンタテインメント

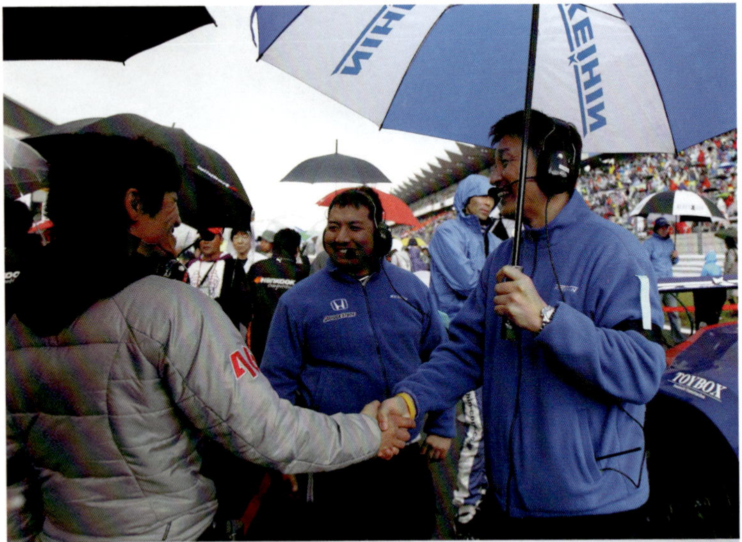
KEIHIN
TOYBOX

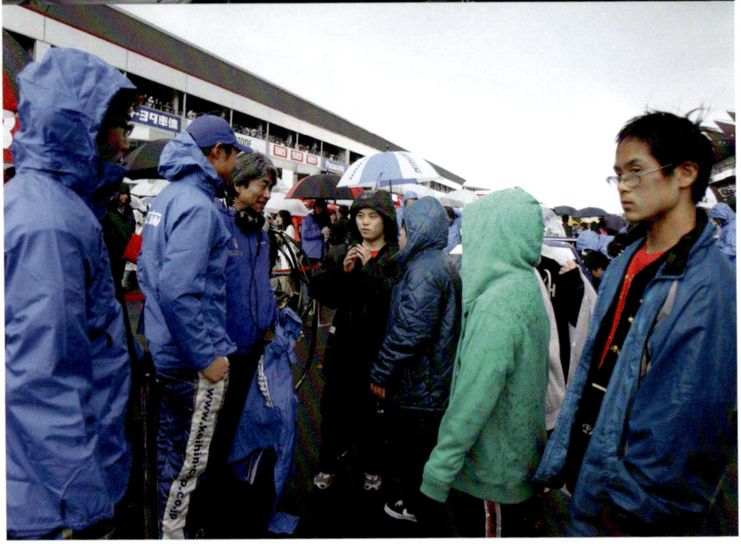
www.keihin-cp.co.jp

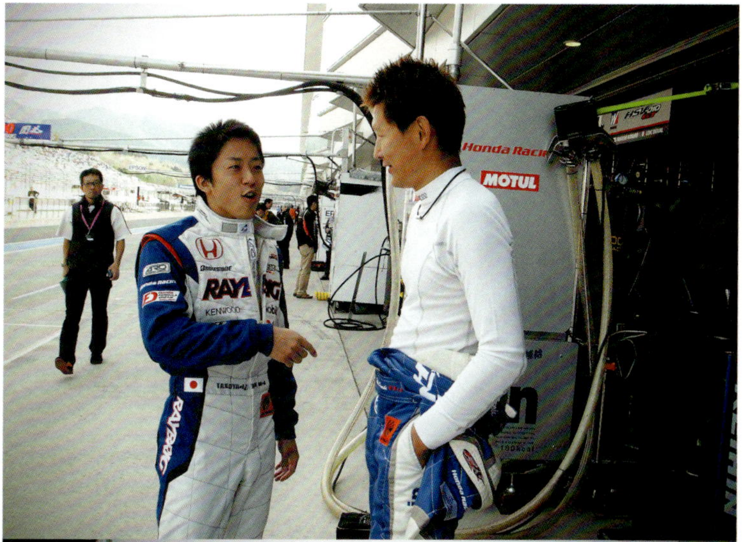
MOTUL
KENWOOD

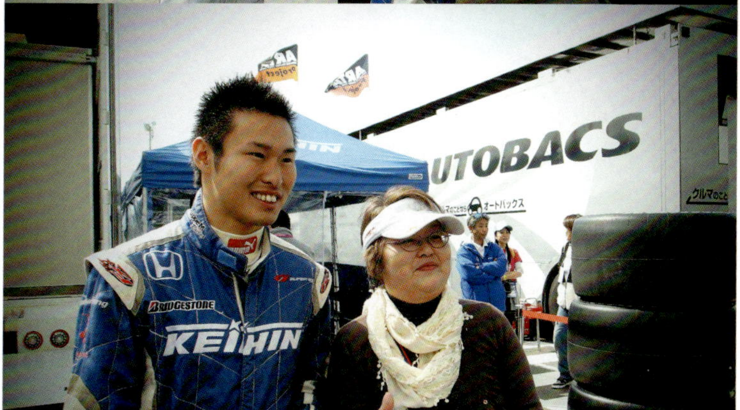
KEIHIN
BRIDGESTONE
オートバックス

6months

全8戦を戦い抜くために求められるもの

SUPER GTでは、半年間に全8レースを戦う。決勝レースで入賞するとポイントが与えられ、シーズンを通して最も多くのポイントを得たドライバー、そしてチームがそれぞれシリーズチャンピオンのタイトルを獲得する。

レースは常に全力勝負であることは言うまでもないが、マシンやドライバーのコンディション、サーキットとの相性、ライバルチームとの駆け引きなど、レースごとに勝負の要が存在し、それとともに戦い方も大きく変わってくる。

例年、冬の時期はオフにあたり、この間に各チームとも来シーズンに向けたニューマシンの開発に心血を注ぐ。データを解析し、シミュレーションを行い、テスト走行を繰り返しながら、セッティングを詰めていったニューマシンが、はたして実戦でどれほどの戦闘力を発揮するのか。

開幕戦は、それを見極め、自分たちの現在地を把握するためにも非常に重要なレースとなる。

しかも、第1戦はウェイトハンディ制の適用がない。速いマシンが勝つのは当然としても、抜きん出た性能だけで勝ち続けてしまうとその後の展開に動きがなくなるため、SUPER GTでは決勝の成績に応じて重りを載せていくウェイトハンディ制を採用している。全車ノーハンディの初戦は、きっちりマシンを仕上げてきたチームにしてみれば、とにかく勝って、先手を取りたいとの思いは強い。一方で、レースが始まれば、どんなマシンにも必ず課題は出てくる。次戦ま

でのおよそ3週間のインターバルでその課題を解決し、できるかぎりポイントを積んでおくことがシーズン前半における基本的な戦い方といえるだろう。そして後半戦が始まると、上位チームはシリーズチャンピオン争いを有利に進めるために、下位チームは現状からのジャンプアップを狙って、レースはさらに激しさを増す。

2010年シーズンの第5戦で、KEIHIN REAL RACINGが見せた戦いぶりは、それを証明するかのような、実にダイナミックなものであった。

舞台はスポーツランドSUGO。シーズン序盤でなかなか波に乗れなかったKEIHIN REAL RACINGは、本来の実力を見せ付けることができず、第4戦が終わって全14チーム中10位という位置に沈んでいた。SUGOのある宮城県はメインスポンサーのKEIHINが拠点とするエリアなので、ここは応援してくれる人たちのためにも是が非でも勝って、総合ランキングの上位に顔を出したい。予選ではミスもあって10位と振るわなかったが、懸命な調整作業でマシンのコンディションを整え、本番の決勝を迎えた。

スタートドライバーの金石年弘選手は、冷静沈着な走りで着実に順位を上げていったが、ペースの遅いクルマにつかまって思うように走れなくなった時点で、チームは予定より早めのピットインを決断する。これが功を奏し、替わった塚越広大選手の猛プッシュもあって、終盤の74周目では2位までポジションを上げ、トップのマシンとサイド・バイ・サイドの争いを演じていた。

80周目、いよいよラスト1周となり、塚越選手が駆るKEIHIN HSV-010の猛追もここまでかと思われたところ、最終コーナーにチャンスは待っていた。トップを走るマシンの前に周回遅

れのGT300が現れ、ライン選択の自由がなくなったその一瞬の隙を見逃さず、一気にアウト側を攻め、ゴール寸前でみごと差し切ったのである。その差、わずか0・025秒。巧みなピット作戦もあったが、やはり最後まで諦めない、勝利への貪欲な姿勢があったからこそ、劇的な逆転劇へとつながったのだ。しかも、これはチームにとって記念すべき初勝利であった。

この勝利をきっかけに調子を取り戻したKEIHIN REAL RACINGは、第6戦で4位、第7戦は台風で中止となったものの、最終第8戦では3位表彰台を獲得するなど、勢いをキープし続け、終わってみればドライバーとチームランキングの両部門で総合3位の座に就いた。

「序盤は少しつまずいて、途中から調子を上げて、最終的には総合チャンピオンを狙える位置につけている。これが今のところのウチのチームの特徴です。本当は初めから勝ちを狙っていているのですが、なかなか思い通りにはいかないのがレース。2011年シーズンも、第1戦の富士では一番速いペースで走っていたのに、天候を上手く味方につけられず、結局は勝てるチャンスを逃してしまいました。やはりレースというのは、マシンの性能やレーサーの上手さだけではなく、天候などへの対処も含めて、チームの総合力が問われているのです」と金石勝智監督は語る。監督自身、2008年までは現役のレーサーとして活躍し、SUPER GTの前身にあたる全日本GT選手権では幾度も優勝も果たしているだけに、勝つことの意味、そしてその難しさをよく知っているのだ。

レースである以上、最終的には結果がすべてである。自分たちのマシンが、ほかのマシンと比

技術力と精神力とプラスアルファ

べて決して負けることのないパフォーマンスを有していたとしても、それが結果として表れなければ意味がない。そして結果をつくり出すのは、ドライバーやチームスタッフの勝ちたいという思いである。表彰台の頂点に立ちたいという強い気持ち、そのための継続的かつ献身的な努力がチームの総合力を高め、やがては最高の結果へとつながるのだ。

KEIHIN REAL RACINGでチーム代表を務める中村亮一は、こう語る。

「勝ち負けを決めるのは、もしかしたら機械7割、人間3割かもしれません。ただ、その機械にしたって人間がつくっているわけです。監督、ドライバー、エンジニア、メカニック、マネージャー、各人がそれぞれ勝ちにこだわって、ひとつひとつのレースに集中して戦ったその積み重ねが結果に表れるのです。あえて乱暴な言い方をしますが、レースは結果がすべてであって、途中のプロセスなんてどうでもいいと僕は思っています。もちろんプロセスが大切であることもわかっているんですけど、いくら努力しても、いくら頑張っても、結果が出なければすべてゼロ。勝たなければ意味がないからこそ、シーズンを通してどれだけ勝ちにこだわれるかが重要になってくるのです」

戦いの場においては、勝利が唯一絶対の価値である。しかし、SUPER GTの場合、単に速いだけでは勝つことができない。全8戦を戦い抜くには、技術力と精神力が優れているだけではなく、勝ちへのこだわりというプラスアルファも必ず求められてくる。その思いを強く、長く持ち続けた者だけが、シリーズチャンピオンの栄冠を獲得することができるのだ。

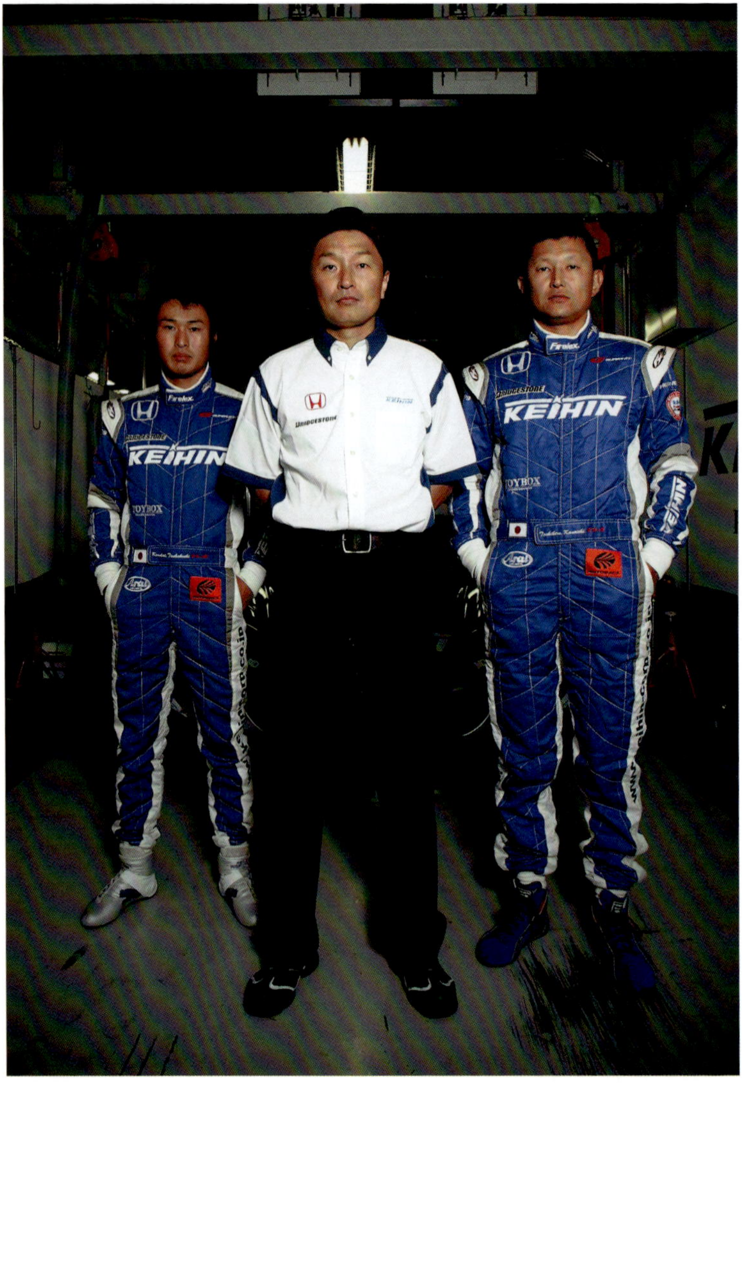
KEIHIN
BRIDGESTONE
KEIHIN

KEIHIN -HSV

● T.Kaneishi   ● K.Tsukakoshi

2 days

予選と決勝で繰り広げられる予測不能のドラマ

SUPUER GTのレースは、土曜に公式練習と予選、日曜に決勝を戦うというスケジュールで進行する。予選はスーパーラップ方式、ノックアウト方式、45分の公式予選を2回行う方式の3つがあり、どれを採用するかはレースごとに決まる。

予選のおもしろいところは、何と言ってもポールポジションをめぐる1000分の1秒単位の攻防だろう。長い距離を走る決勝は、タイヤ交換や給油、相手チームとの駆け引きなどの要素が複合的に絡み合うが、予選は単純に1周の速さだけを追求する真剣勝負。1秒以内に十数台のマシンがひしめき合うことはざらで、コンマ何秒のタイム差で決勝でのスタート位置は大きく変わってくる。だからこそ、エンジニアやメカニックは当日の天候や路面状況、サーキットの特性などを予測してマシンを万全の状態に仕上げることが求められ、ドライバーは己のポテンシャルをフル動員して最高のドライビングをしなければならない。

ポールポジションというのは、絶対的な速さの証であり、ドライバーとマシンのコンディションが完璧にシンクロして初めて手にすることができる。「勝負の世界では、トップでなければ意味がない。2番手はしょせん2番手の評価でしかない」と金石勝智監督が語るように、すべてのライバルを後方に従え、スターティンググリッドの先頭に立つことは、レースをする者にとっては実に誇らしい瞬間だ。

ただ、そうした名誉やプライドだけのためにポールポジションを争っているのではない。続く決勝での戦い方を考えたとき、先頭でスタートすることはとても重要な意味を持つと金石監督は言う。

「スタートして各マシンが一斉に1コーナーへ進入していくわけですが、一番前にいれば衝突するリスクは少なくなるし、視界がクリアな状態で走行することができます。とくに、水しぶきが舞う雨のときは圧倒的なアドバンテージとなります。また、速ければいつでもどこでも簡単にオーバーテイクできるかといえば、決してそんなことはありません。相手だって抜かれまいと思って必死にブロックしてくるので、仮にトップよりコンマ1秒速く走れる力があったとしても、目の前のマシンがなかなか抜けないと、ラップタイムはそこで押さえられてしまい、本来のパフォーマンスを発揮することができません。それが積算されると、ひっくり返せない差になるから、予選では少しでも前に出たほうがその後の展開は有利になります。極端な話、たとえタイムが落ちても、後ろを何とか押さえて抜かれさえしなければ勝てるわけです。そういう意味でも、予選でポールポジションを獲ることは重要なのです」

2011年シーズン、岡山国際サーキットで5月に行われた予選において、KEIHIN REAL RACINGはポールポジションを獲得した。その瞬間、ピット内では喜びが爆発。あちこちで歓喜の声が上がり、なかには涙ぐむ者もいたほどであった。セッティングはピタリとハマってマシンは絶好調、ドライバーとスタッフのモチベーションも高く、ポール・トゥ・ウィンへの期待が

膨らむ中で翌日の決勝は始まった。

スターティングドライバーを務めた金石年弘選手は、危なげなくスタートダッシュを決め、先頭で1コーナーに進入し、そのまま後続のマシンをぐいぐいと引き離していった。ポールスタートのメリットを最大限に活かし、一時は2位に4秒以上の差をつける快走ぶりで、塚越広大選手に引き継いだものの、次の周回で2位チームがピットインがピットインを上手くこなしたことで順位は入れ替わってしまった。しかし、ペースは明らかに塚越選手のほうが速かったので、果敢にオーバーテイクを仕掛けていた矢先、なんと接触して2台ともスピン。その後は必死に挽回を試みて3位でフィニッシュ。決勝でもファステストラップをマークし、順当に考えれば間違いなく優勝できただけに、悔しさの残るレースであった。

反対に、予選は振るわなかったけれど、決勝で上位に食い込んだケースもある。同じ2011年シーズン、富士スピードウェイで行われた第6戦は、マシンのバランス調整がなかなか決まらないまま予選に突入し、案の定、結果は10位に沈んだ。後半戦に入り、この時点でポイントランキングは5位。チャンピオン争いを考えると、絶対に負けられない一戦である。すぐにスタッフはピットに詰めてデータを検証し、無数にあった方程式を丹念に絞り込んでいき、翌日の決勝までに万全の状態に改良すべく不休の努力を続けた。

そして決勝。スターティングドライバーの金石選手は、前を走るクルマを1台ずつ冷静沈着に

追い落としていく。前日の懸命な作業が実ってマシンの調子は格段によくなり、レース前半で7位まで順位を上げることに成功した。さらに金石監督はレース展開を予測し、予定より早い周回でピットインさせる作戦を決断、これがみごとに奏功してGT500クラスの全車がピットストップを終えた段階でポジションは6位となった。

あとを引き継いだ塚越選手も、持ち前の果敢なドライビングで次々とオーバーテイクを重ね、終盤では3位争いを演じていた。途中で軽い接触があったときは、岡山戦での痛恨のスピンが思い出され、一瞬ヒヤリとしたが、そこはプロフェッショナル。同じ失敗は二度と繰り返さない。ついにラスト1周となり、その時点での順位は4位。チーム全員が固唾を呑んで見守っていた矢先、2位を走行していたマシンがスピンを喫し、結果的に3位表彰台に立った。たしかにラッキーだったと思う人もいるかもしれない。ただ、予選の不調をスタッフの不休の努力で立て直し、ドライバーは持てる力をフルに発揮して攻め続け、監督は適切なタイミングで正しいカードを切ったからこそ、この結果に結び付いたのだ。

予選でポールを獲って決勝で失敗するときもあれば、その逆もある。もちろん、すべてが順調にいってポール・トゥ・ウィンを決めるときだってある。2日間にわたって繰り広げられるこの筋書きがないドラマを少しでも自分たちのストーリーにしようとして、各チームは最高のマシンを用意し、最良の戦略を立て、最速のタイムを目指す。それらがすべて嚙み合ったとき、晴れて勝利を手にすることができるのだ。

最高のマシンと
最良の戦略で
最速を目指す

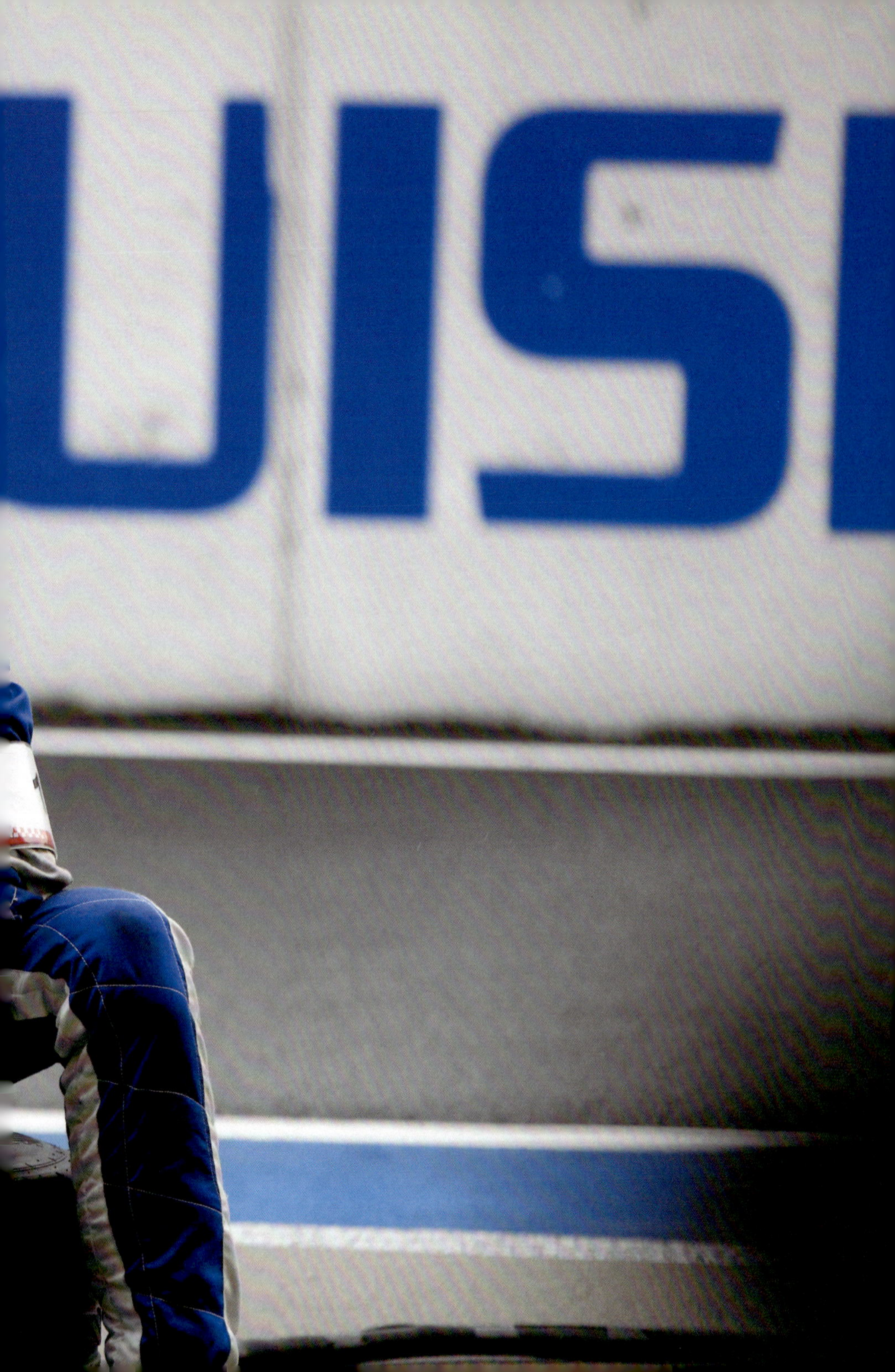

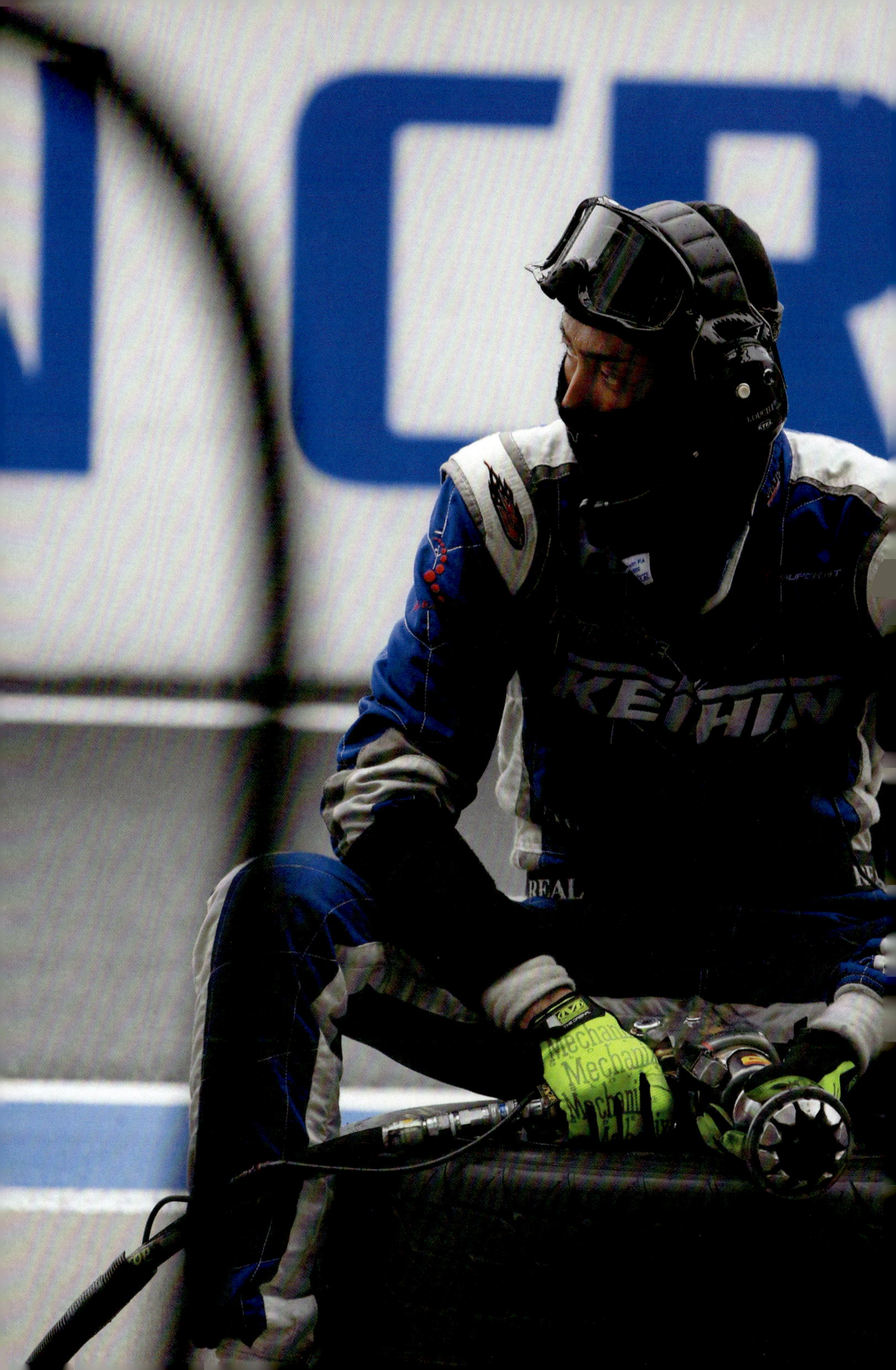
KEIHIN
REAL

DAIHATSU
GOODYEAR
GOODYEAR
GOODYEAR
TIME
9448LAP
Sammy
KEIHIN
L 2
44 6

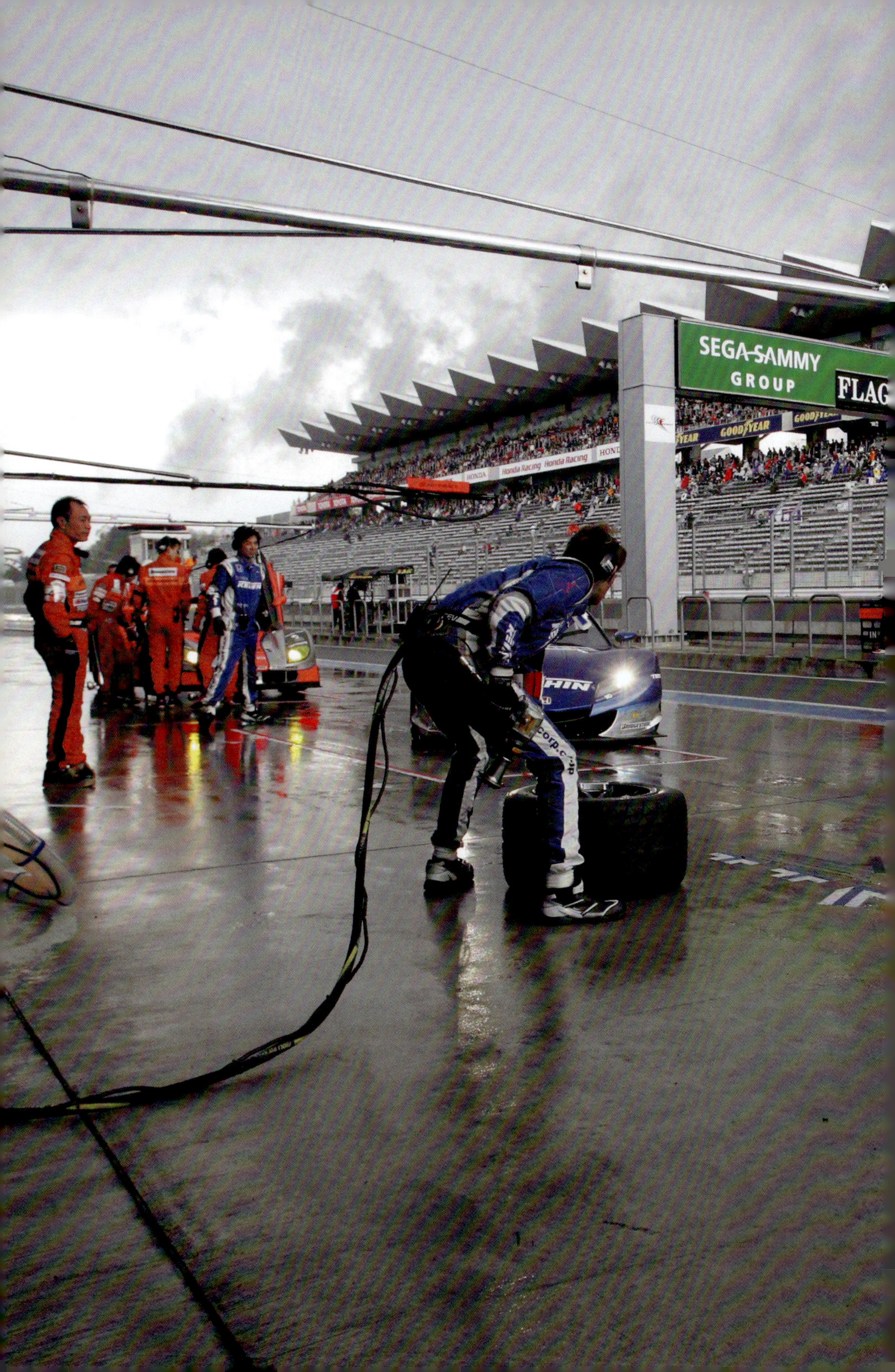
SEGA SAMMY
GROUP
FLAG
GOODYEAR
Honda Racing

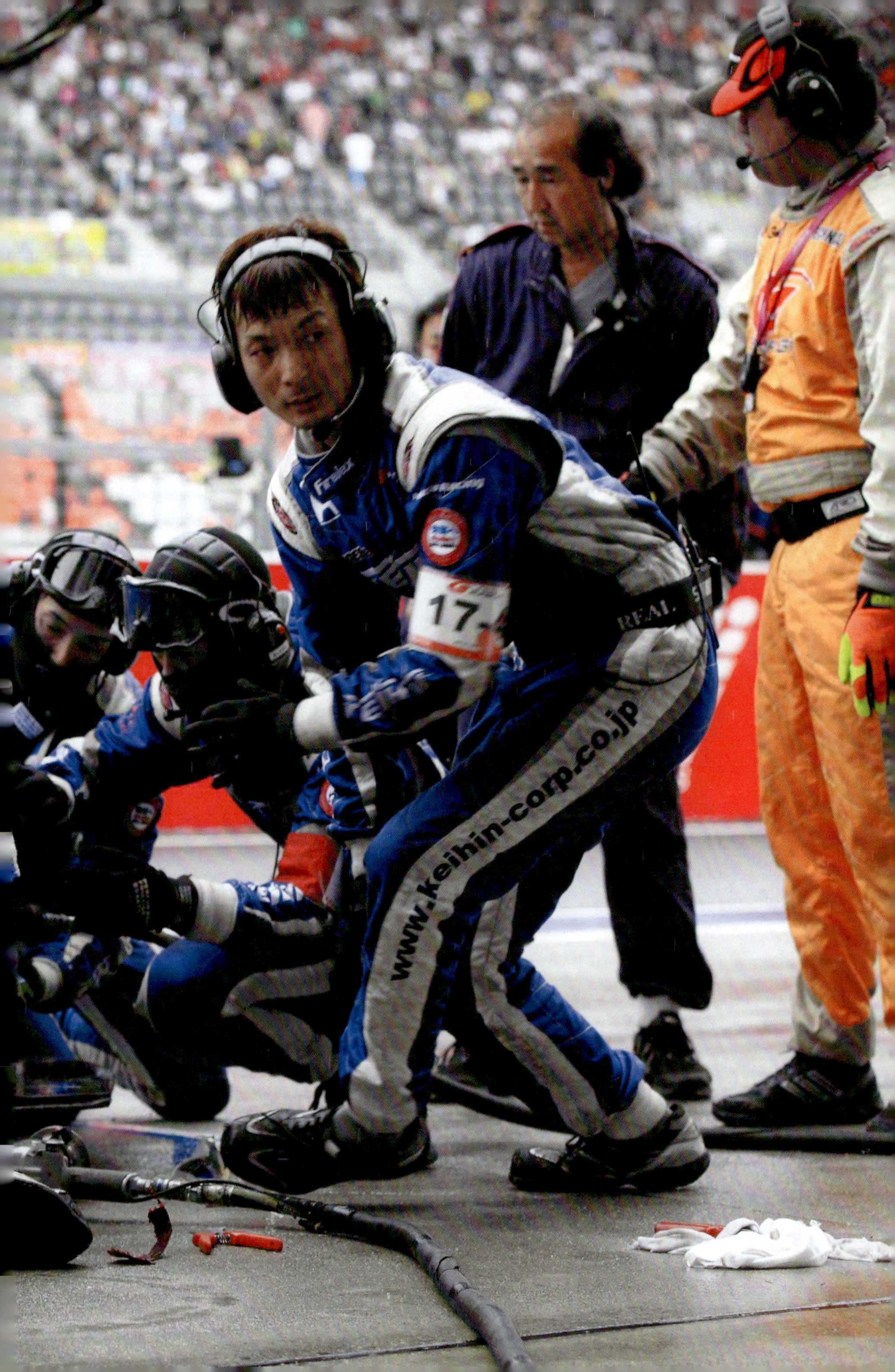
17
REAL
www.keihin-corp.co.jp

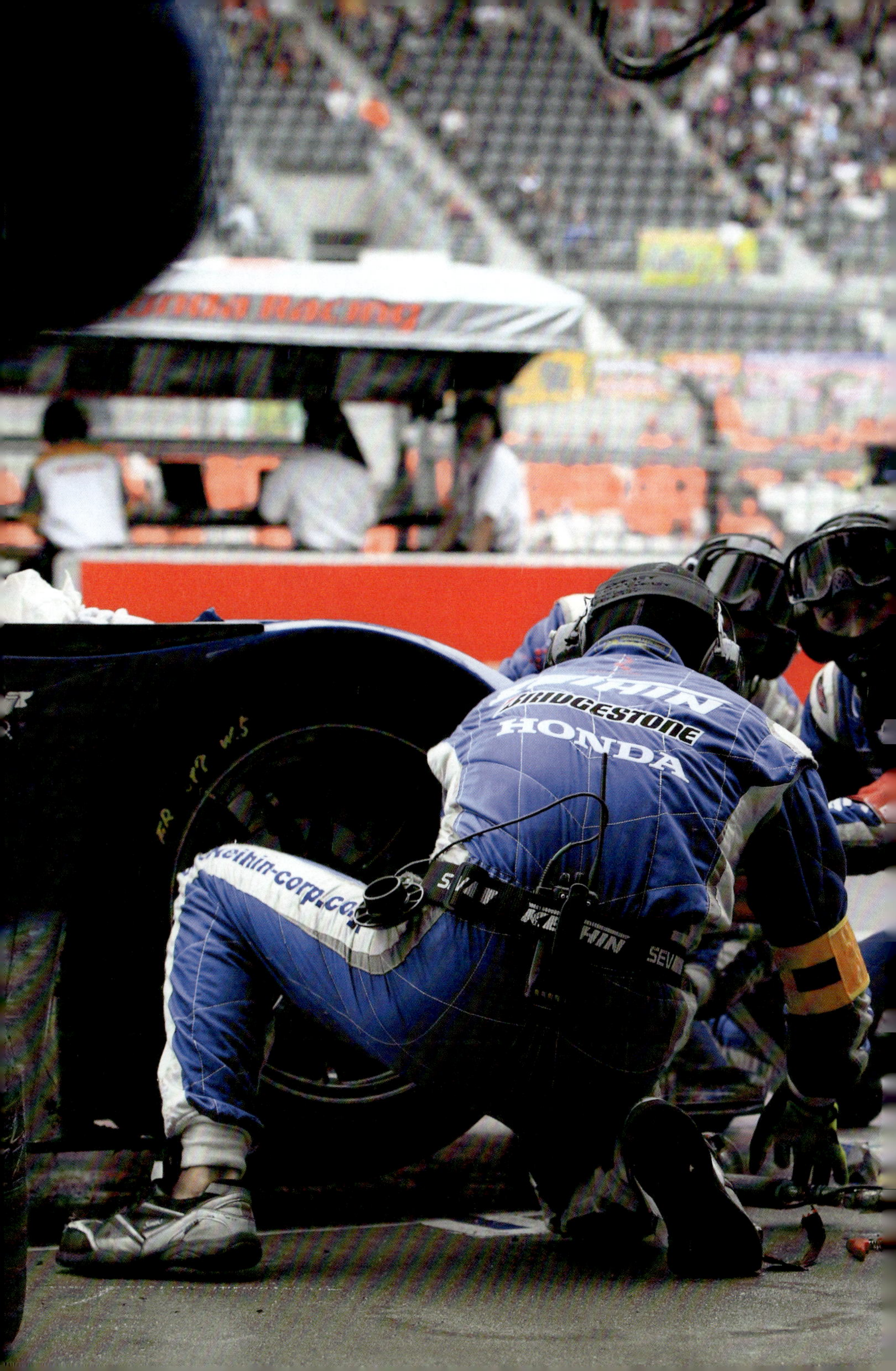
BRIDGESTONE
HONDA

SEGA-S
GR

KEIHIN REAL RA
がんばろう!

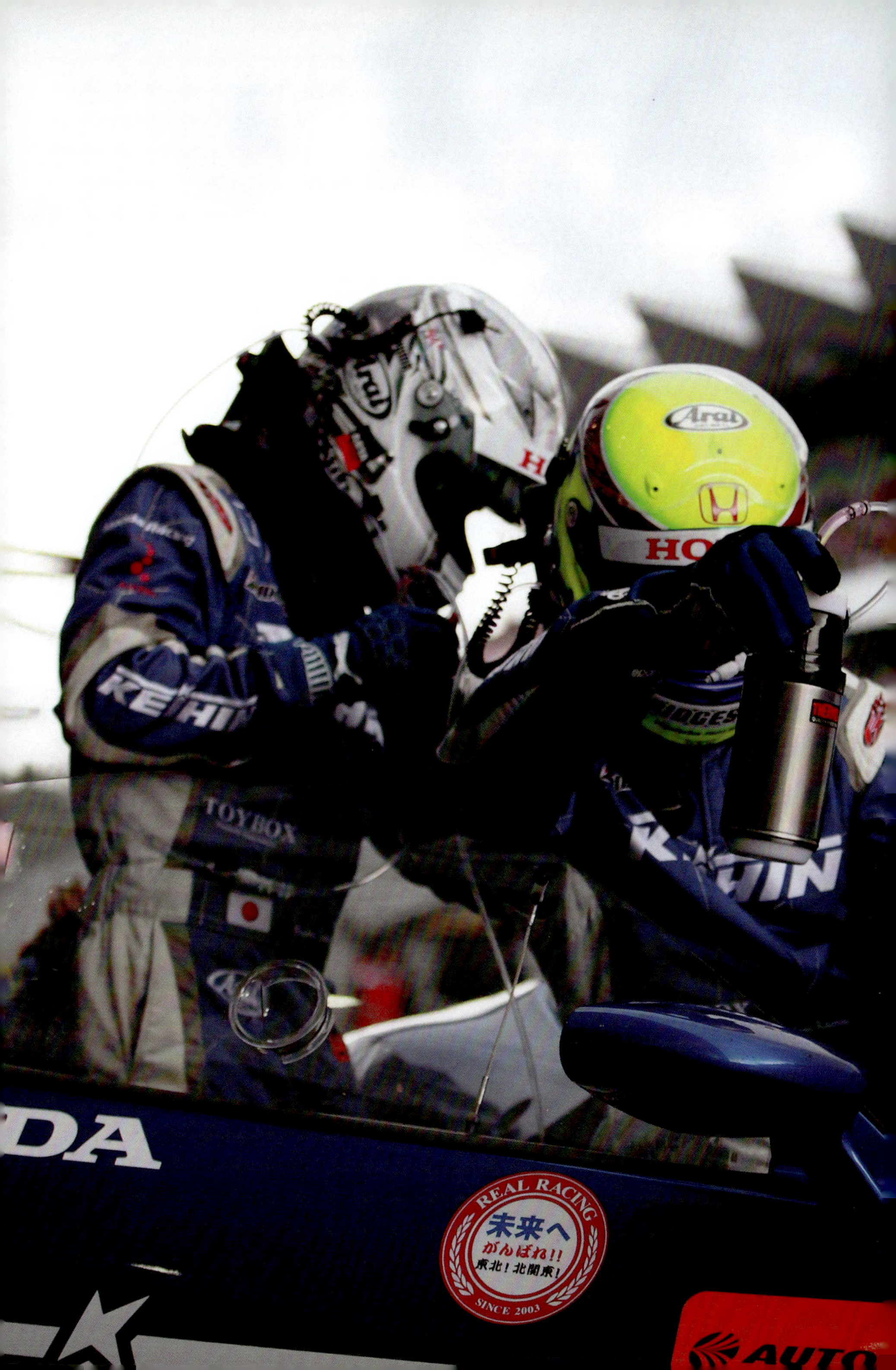
Arai
TOYBOX
REAL RACING
未来へ
がんばれ!!
東北！北関東！
SINCE 2003

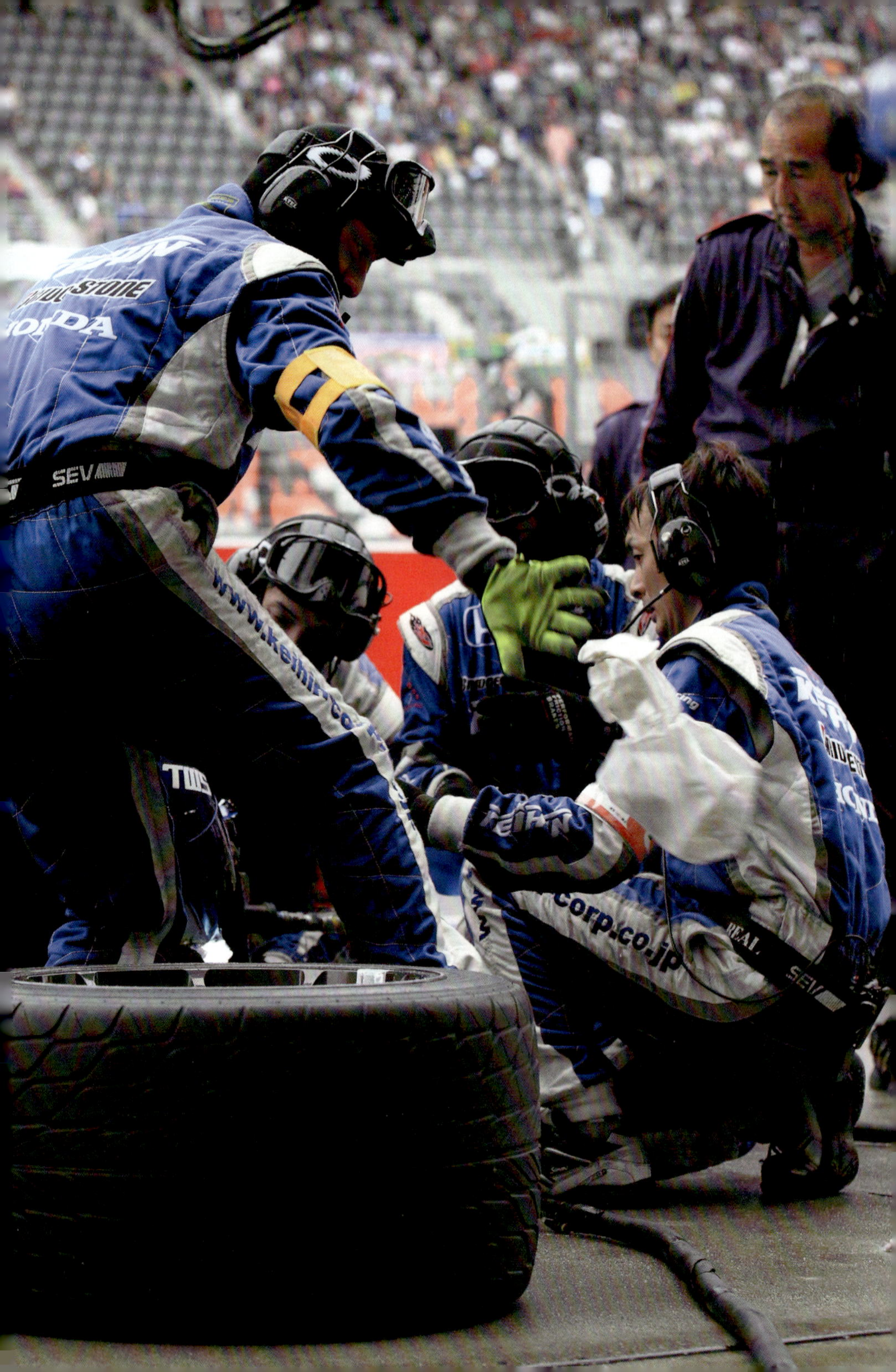
SEV
corp.co.jp
REAL
SEV

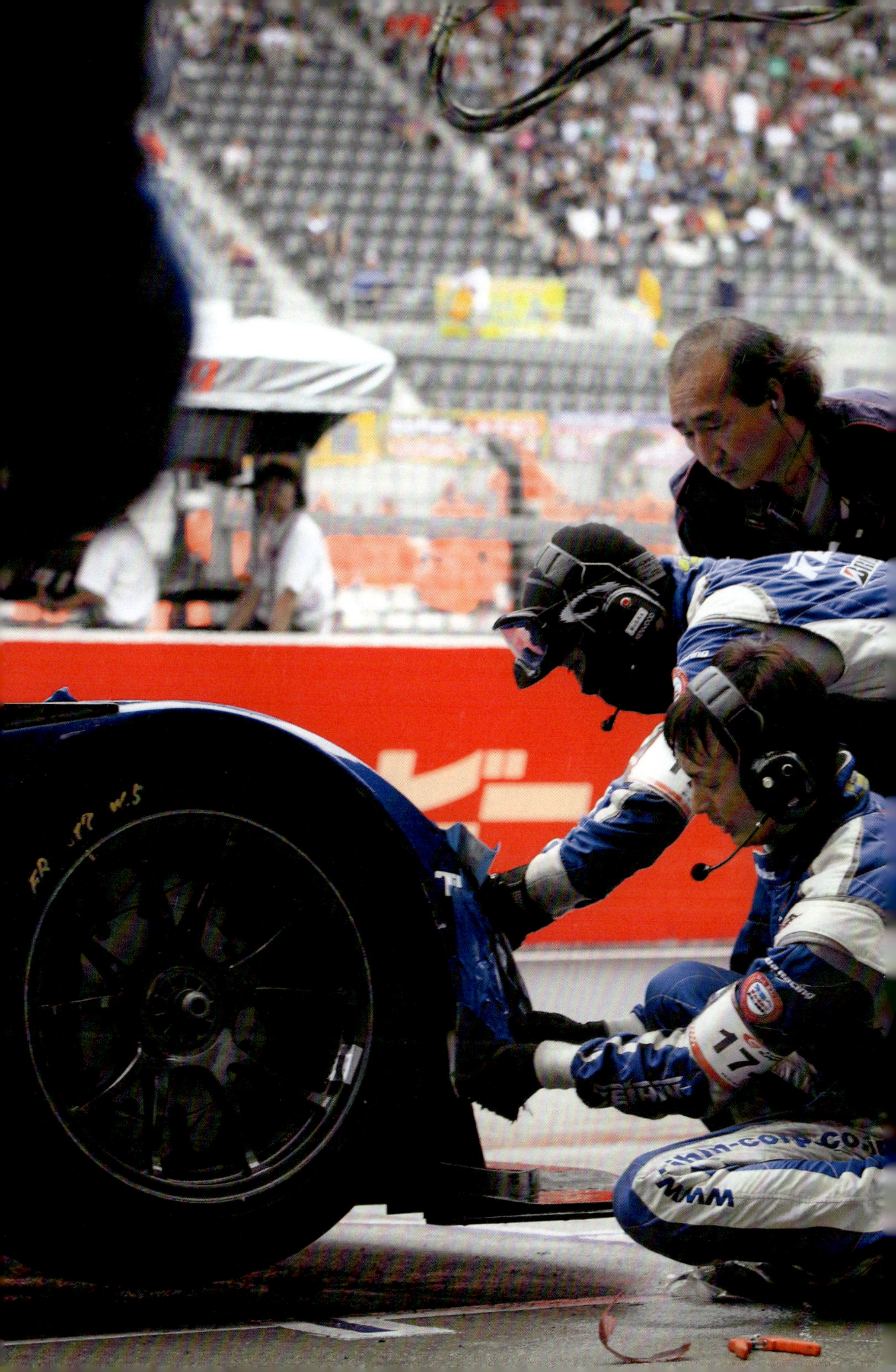
17

KEIHIN
BRIDGESTONE
HONDA
KEIHIN
BRIDGESTONE
HONDA
PIT LANE

KEIHIN
BRIDGESTONE
HONDA
www.keihin-corp.co.jp
www.keihin-corp.co.jp

KEIHIN
BRIDGESTONE
HONDA
17-4
アメットビー
AmétVi
OFF THE RAINDROPS

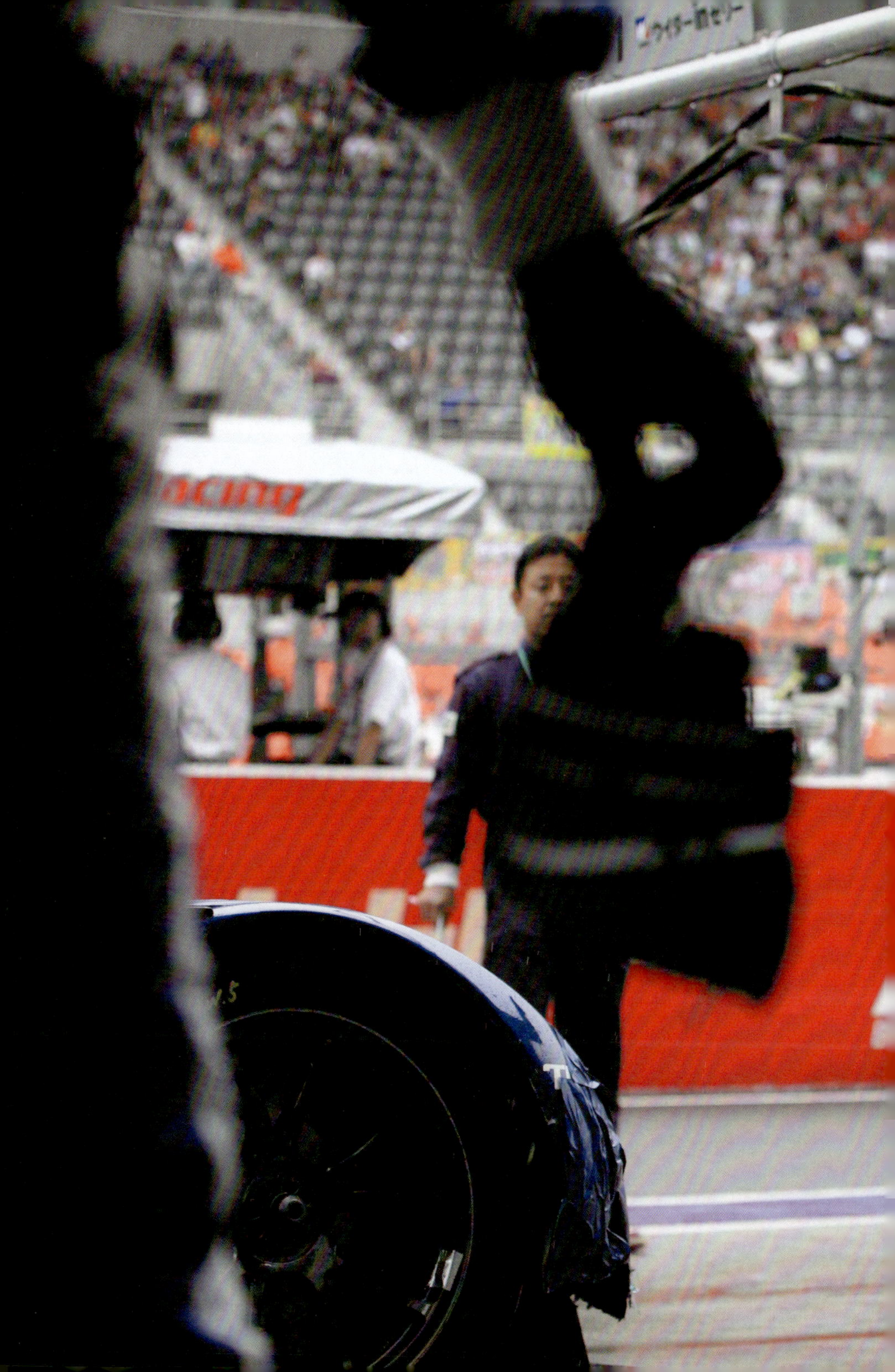

DAIHATSU
DAIHATSU
GOODYEAR
GOODYEAR
GOODYEAR
Sammy
10.10.2
AUTOBACS
Pioneer
43
BRIDGESTONE
TAKATA
Holts

BRIDGESTONE
HONDA
KEIHIN
SEV
SAMMY
FLAG LIGHT
GOODYEAR
KEIHIN

18sec.

マシンの時間と人間の時間が交差するピットイン

レースの勝敗は、何もマシンがコース上を走る時間だけで決まるのではない。給油やタイヤ交換の作業、そしてドライバー交代のために入るピットでも時間は刻一刻と過ぎ、そこでもチーム同士の激しい駆け引きが繰り広げられている。

1回のピットインに要する平均の作業時間は18秒である。作業員の人数は最大5名、リアタイヤ交換に4秒、給油に10秒、フロントタイヤ交換に4秒というのが、その内訳だ。しかも、ピットの出入りに際しては速度制限のあるピットレーンを走るため、ピットに入ってコースに復帰するまでにトータルで50秒はかかることになる。コースでは文字どおりコンマ何秒を削る戦いをしていたのに、ピットでは否応なくこれだけの時間を消費してしまうのである。仮に作業のミスでもあれば、さらに数十秒、場合によっては数分単位でタイムをロスする可能性も考えられる。ゆえに、ピット作業は各チームにとって非常に重要な場面であり、いかに速く、ミスなく作業するかがメカニックの腕の見せどころだとオペレーションディレクターの長江正行は言う。

「ピット作業はやはりチームワークだと思うので、普段から練習はかなりの時間をかけてやっています。最もスムーズに効率よく動けるように、自分たちがスタンバイする位置や作業道具の置き場所はあらかじめ細かく決めているのですが、レース本番ではマシンが所定の位置にきちんと停止してくれるとは限らないので、少しずれて止まった場合はどう対処するかなど、あらゆるケ

ースを想定しながら練習をしています。ミスなく完璧にこなして4秒ですから、ちょっと失敗すると簡単に数秒はロスします。この数秒が致命的な差になったりするので、気が抜けません」

だから、ピットインを報せる無線が入ると、それまでモニターでレースの様子を見守りながら淡々と作業を進めていたメカニックたちの顔に一気に緊張が走る。マシンが入ってきて停止するや否や、一斉に車体に取り付き、無駄のない動きで素早くタイヤ交換や給油を行う姿は、実にエキサイティングな場面だ。

また、ピットに入るタイミングも、勝敗の行方を左右する重要なポイントである。レース中は自分たちのマシンのタイヤの減り具合やガソリン残量だけを気にしていればいいのではなく、天候や相手チームのマシンの状態など、刻一刻と変化する戦況を見極めつつ、どこでピットインすれば抜けるのか、もしくは抜かれないのかといったことを総合的に判断して決めなくてはならない。

例えば、先行するライバルのラップタイムが少し遅くなってきたと思ったら、自分たちは当初の予定より早くピットに入って、グリップ力の高い新しいタイヤに履き替えて一気にペースを上げ、のちに相手がピット作業を終えてコースに復帰した時点ではポジションを逆転しているといったケースなどは、そうした判断が成功した例といえるだろう。

レース中に必ず1回、500kmレースであれば2回以上はピットインの場面が訪れる。緻密な戦略、スタッフの高度な技術とチームワーク。単なるマシン同士のスピードバトルとは別のフェーズの勝負の世界がそこにはあり、それを完璧に遂行できたチームに勝利の女神は微笑むのだ。

勝敗を左右する
メカニックの
晴れ舞台

HONDA
KEIHIN
PREMIUM
FUJI
BEAST EYE
NGK
SUPERGT.n
REAL RACING
T.K

TAKATA
tanabe
SEV

BP vervis

3 weeks

レースの前から始まっている裏舞台での戦い

レース本番を迎えるまでにはさまざまな準備が必要になる。だが、華やかな舞台の裏で地道に行われるこの準備作業こそ、実は勝つために最も重要な工程なのだと金石勝智監督は言う。

「サーキットにはそれぞれ特徴があって、それに合わせてマシンのセッティングも変わっていきます。鈴鹿で速かったからといって、もてぎでも通用するわけではないのです。たしかに過去のデータの蓄積はありますが、クルマは年々進化していますし、当日の天候や路面コンディションなどの条件も毎回違うので、その出来次第で結果は大きく変わってきます」

約3週間ごとにレースが開催されるSUPER GTでは、レースが終わった直後から次の戦いの準備が始まる。チーフエンジニアを務める大神槙也によると、まずマシンは鈴鹿にあるKEIHIN REAL RACINGの自社ファクトリーに運ばれ、そこで少なくとも2日ほど時間をかけて走行データのまとめを行う。それが終わると、今度は次戦のセットアップの検討が始まり、この作業が最低でも3日間はかかる。その間にメカニックは、マシンをmm単位の最小部品まで分解し、ダメージのあるパーツの交換を行い、セットアップの方向性が決まった時点でマシンを組み上げていく。ただ、これはあくまでも最低限のルーティンワークである。レースが終わると必ず問題点が発生するため、その解決策を考えねばならず、ときには新しいパーツの組み込み作業などもあって、やらなければいけないことは文字どおり山積している。

例えば、トップスピードを伸ばすために、空気抵抗を減らす空力パーツをつけたとする。空気抵抗が減れば、多くの場合、車体を路面に押さえつけるダウンフォースも減るため、コーナリングやブレーキング時の車体の安定性は低下してしまう。それを補うには、サスペンションなどを細かく調整して、最高速と安定性が最もバランスよく調和したポイントを探し当てねばならない。

「GTマシンは、本当に感度よくできていて、それこそ車高がたった1㎜変わっただけで、マシンの挙動も明らかに変わります。セッティングを詰めていくときは、車高であれば0.1㎜単位で調節し、ウイングやキャンバーの角度も100分の1度の単位で測って詰めていきます」

しかし、そうした緻密な作業を経て完成したセットアップが本当に合っているかは実際に乗ってみないとわからない。いくらデータを解析し、シミュレーションを行っても把握できない領域は必ずあり、そこをドライバーの鋭敏な感覚で関知してもらい、精度を上げていくのである。

「仮にドライバーの調子がよくても、マシンのセッティングが上手くいかなければ、レースでは勝てません。逆も同じです。うちのチームのドライバーは2人とも速いので、その求めに応えてマシンもどんどん改良していきたい。もちろん、ほかのチームも日々進化していますから、そこはいたちごっこのようなもので、永遠にゴールはないのだと思います」

空力、サスペンション、タイヤ、車高といったさまざまな要素が複雑に組み合わさった方程式。3週間におよぶ準備期間のほとんどは、その答えを導き出すために使われる。絶え間ない試行錯誤の連続が、必ずや勝利への道につながると信じて。

勝利の精度を高める 絶え間ない試行錯誤

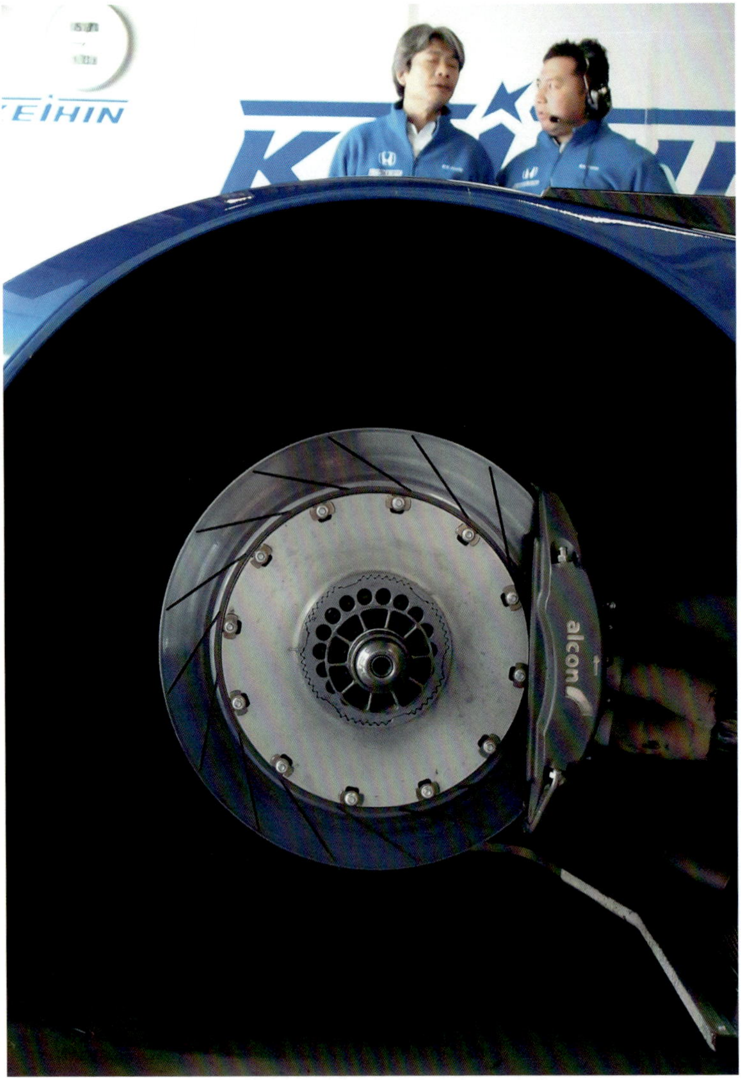
alcon

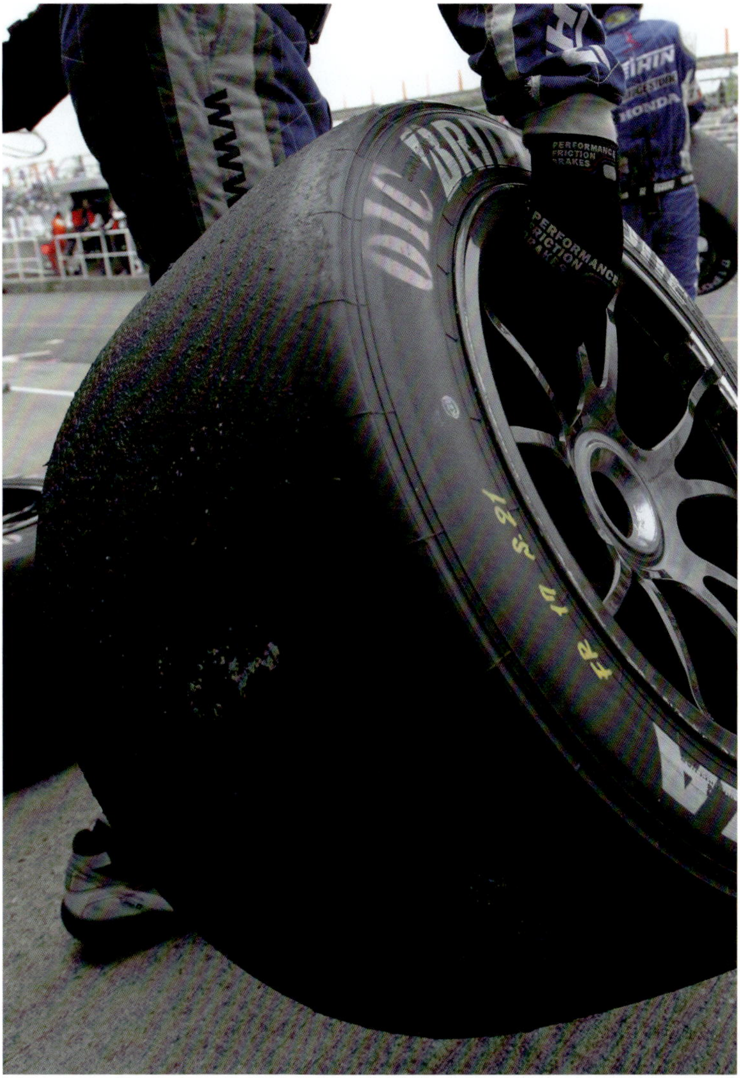
PERFORMANCE
FRICTION
BRAKES
HONDA

120 sec.

その瞬間にすべてをかける切り札のタイヤ

私たちが普段乗るクルマは、できるだけメンテナンスの手間がかからず、晴れの日も雨の日も快適に走れることを目的につくられている。そのため一般車のタイヤは、面倒な交換をしないで済むように、だいたい数万kmはもつように設計されている。

しかし、いかに速く走るかを目的としたレース用タイヤは、それとは全くの別物である。GT500クラスのマシンともなれば、車体重量は軽く1トンを超える。この重さを支え、時速200km以上で安定したコーナリングを可能にするには、タイヤ自体にも圧倒的な性能が求められる。

まずその驚異的なグリップ力は、路面との摩擦熱でタイヤ表面のゴムを溶かすことで生み出されているのだが、タイヤの種類ごとにそれぞれ適した温度レンジがあり、当日の気温や路面温度に合わせて選択しなければならない。しかも、温度レンジといっても±3℃程度の幅しかなく、ピタリと合えば最大限のパフォーマンスを発揮するけれど、天候の急変などによって大きく外れてしまうと、マシンの戦闘力は格段に低下してしまう。

事実、ドライタイヤとレインタイヤとでは最高速度で40kmの違いがあるため、雨が降ったり止んだりしているような状況だと、どのタイヤを選択するかの判断が直接マシンの速さと順位に影響するといっても過言ではない。ゆえに、天候や路面状況に応じて最高のパフォーマンスを発揮

するタイヤを選ぶことが重要になってくるのだが、いろいろ種類がある中には極めて寿命の短い特殊なタイヤも存在し、その使い方がまた実におもしろい。

SUPER GTでは、公式練習、予選、決勝レーススタートまでの間に5セットのタイヤを自由に組み合わせて使用できる。ただし、ノックアウト方式予選（※1）のQ2・Q3から決勝スタートまではすべて同じタイヤセットを用いることがルールで定められているため、以降の戦略を考えると無駄にタイヤを消耗したくない。にもかかわらず、レースにおいてはここで確実に速いラップタイムを出さなければいけないという場面がある。

「1周のタイムを競う予選だと、どうしても一発の速さを出したいときがあります。具体的には、予選1回目がそうなんですが、こういうときはグリップ力を極端に高めた特別ソフトなタイヤを使います。このタイヤは、本当にたった1周、時間にして120秒ほどしかベストな状態を保つことができません。これを使ってしまうと残るタイヤは4セットになり、その中でフリー走行や次の予選、そして決勝レースの戦略を考えていくのは厳しいですけど、これがレースのおもしろさにもつながっているのだと思います」とチーフエンジニアの大神槇也は語る。

5セットの中の貴重な1セットを、わずかな時間で失うとしても、コンマ何秒の差で天国と地獄に分かれる予選の世界では絶対的な速さが必要なときがある。逆に、長い距離を走る決勝レースでは耐久性が求められるわけだから、タイヤをめぐる戦略は実に大胆にして緻密なのである。

その決断の速さに速さに直結する

※1：ノックアウト方式予選
予選を3回（Q1、Q2、Q3）に分け、各回で1周のタイムを競う。ラップタイムの上位が次の回へと進出し、最終のQ3で最も速かったマシンが、決勝のポールポジションを獲得する。

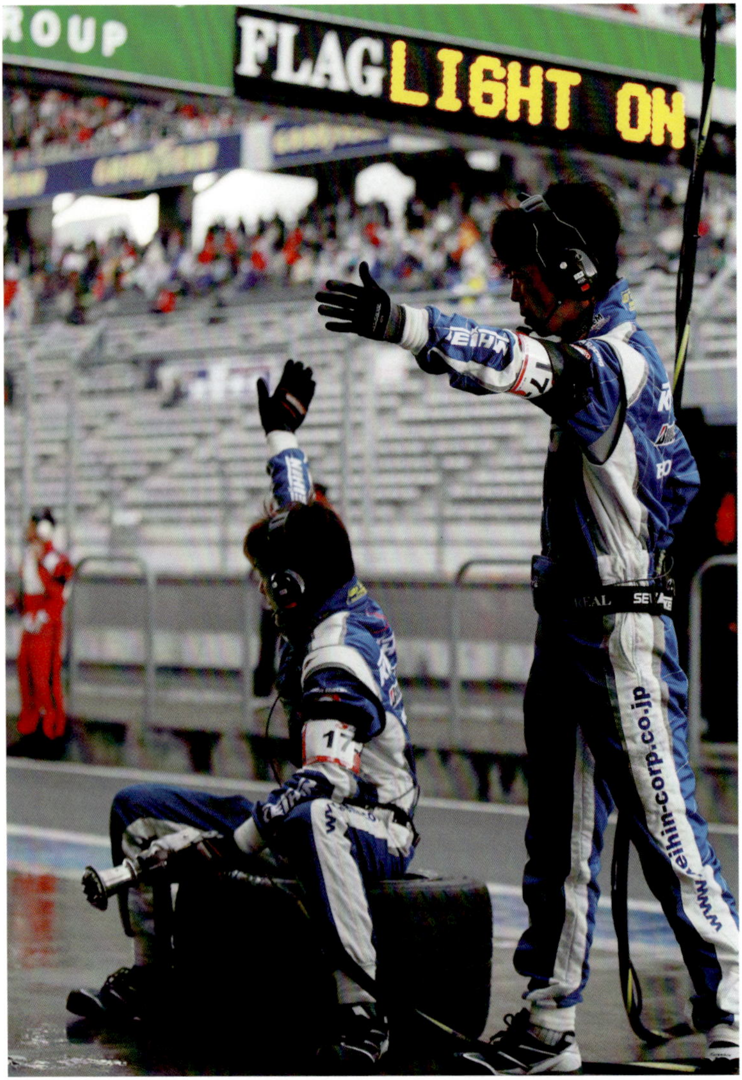
ROUP
FLAG LIGHT ON
www.keihin-corp.co.jp

SEGA SAMMY
GROUP
FLAG
TIME
GOODYEAR
HONDA
KEIHIN
17
BRIDGESTONE

HONDA
KEIHIN
17
SUPERGT.net
NGK
BRIDGESTONE

4 sec.

スピードの極限を制御する最も重要な機能

クルマにとって最も重要な性能、それは何と言ってもブレーキである。速く快適にクルマを走らせることができるのも、ブレーキを踏めばきちんと安全に停止してくれるという大前提があるからにほかならない。

レーシングカーもその点は同じだ。重量が1トンを超え、最高時速300kmに達するGT500マシンを停止させるには、強力な制動力と信頼性を兼ね備えたブレーキシステムが必須となる。

しかし、レーシングカーのブレーキは、我々が思い描く機能とは大きく方向性が異なる。一般車のブレーキはあくまでも「停止する」ことを目的としているが、レーシングカーにとってのそれはつまるところ「速く走る」ためのものなのである。

さまざまな規制によって車輌性能の均衡化が図られているSUPER GTでは、トップスピードにあまり差がつかないため、ストレートで追い抜くことはなかなか難しい。オーバーテイクが起きるポイントといえば、やはり積極果敢な飛び込みと、精確なハンドリングが問われるコーナーということになる。

例えば、ホームストレートから第1コーナーへと進入する際、横に並ぶライバルマシンをオーバーテイクしようと思ったら、相手よりもできるだけ奥まで突っ込んでいき、破綻寸前となる瞬間にブレーキを踏んで一気にスピードを落とし、抜き去っていくしかない。このとき重要になっ

てくるのは、いかに短時間でスピードを落とせるかということであり、それを実現するのが高性能のブレーキシステムなのだ。

そもそもブレーキとは、エンジンがガソリンを燃焼させて得た速度のエネルギーを、ブレーキディスクとブレーキパッドの摩擦によって生じる熱エネルギーに変換し、大気中に放出する装置のことである。ブレーキペダルを踏むと、ブレーキパッドがタイヤと一緒に回転しているディスクローターを両側から押さえ込み、その摩擦でタイヤの回転を落とし、クルマを停止させるのだ。ちなみに、GTマシンの場合、フルブレーキング時のディスクの温度は７００℃近くまで上昇するというから、いかに強大な力が発生しているかわかるだろう。

おおよその試算ではあるが、GT500クラスのマシンは、停止状態からフルアクセルで時速300kmに達するまで30秒ほどかかり、時速300kmからフルブレーキで完全に停止するまでわずか4秒ほどしかかからない。また、時速200kmでフルブレーキをかけて停止するまでの距離は、一般車が約280m必要とするところ、GTマシンは約100mで充分だという。こうした驚異の制動力を備えているからこそ、レースでは極限のブレーキングバトルが可能となるのだ。追う側と追われる側、2台横並びでコーナーへ飛び込み、まるで度胸だめしを思わせるレイトブレーキングで相手より前に出て、一気に抜き去っていく。レースにおける一番の醍醐味は、やはりオーバーテイクの場面であり、その多くは限界ギリギリのブレーキング勝負である。マシンと人間の極限に挑み、最大限のパフォーマンスを引き出した者だけが、そこでは勝者になれる。

最速を制御する驚異の力

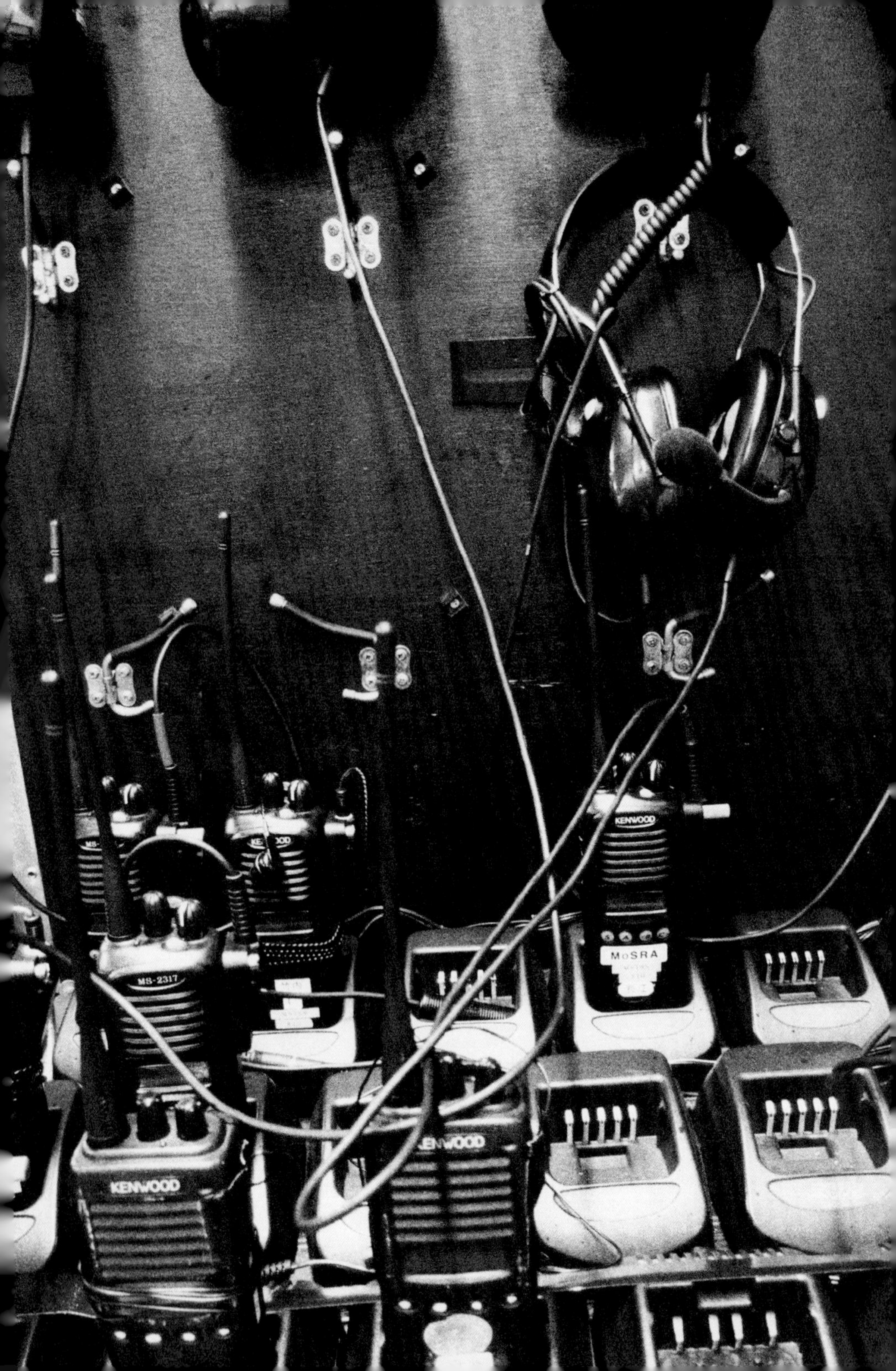
KENWOOD
MS-2317
MoSRA
KENWOOD
KENWOOD

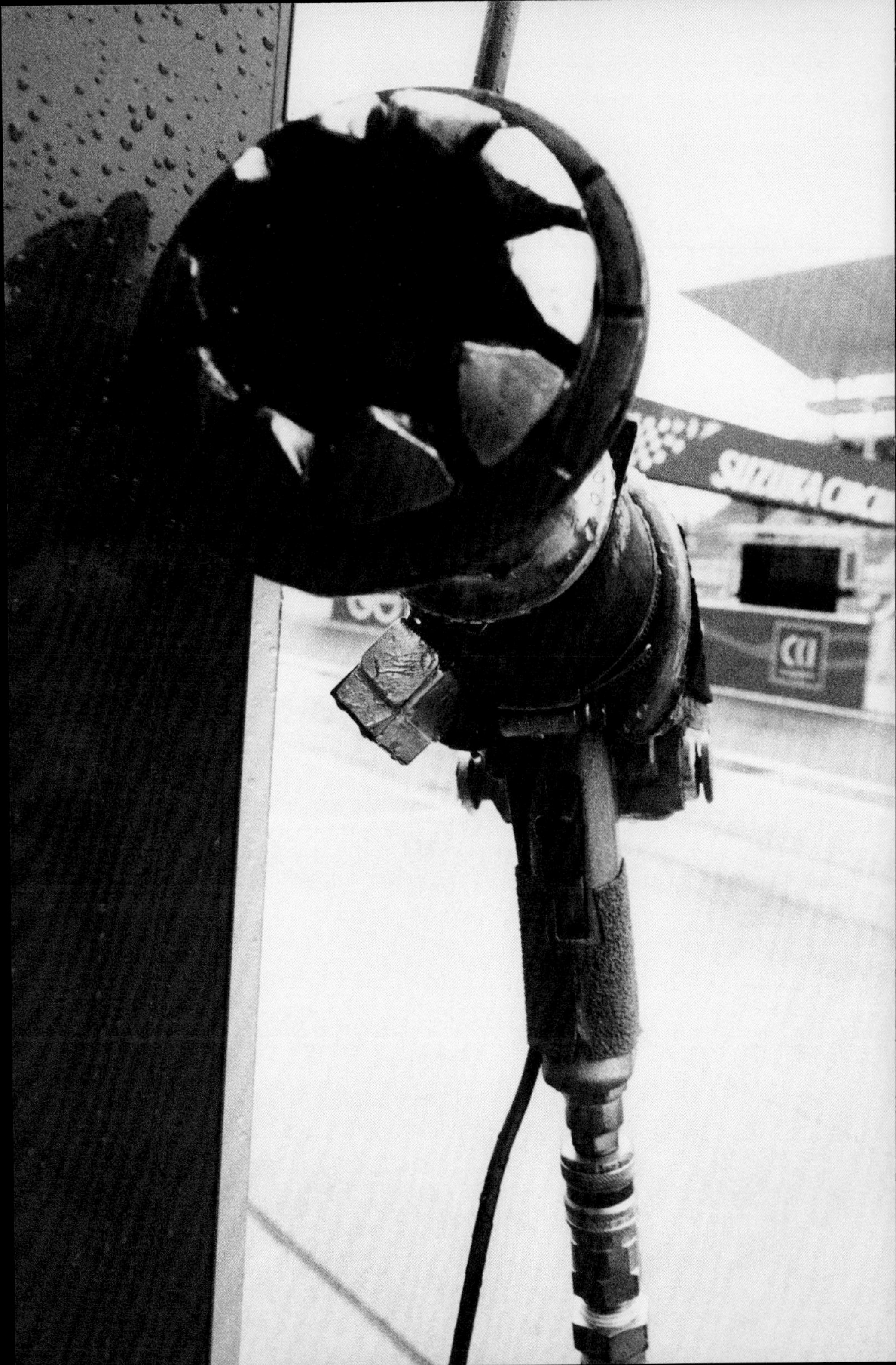

鈴木
KTEL

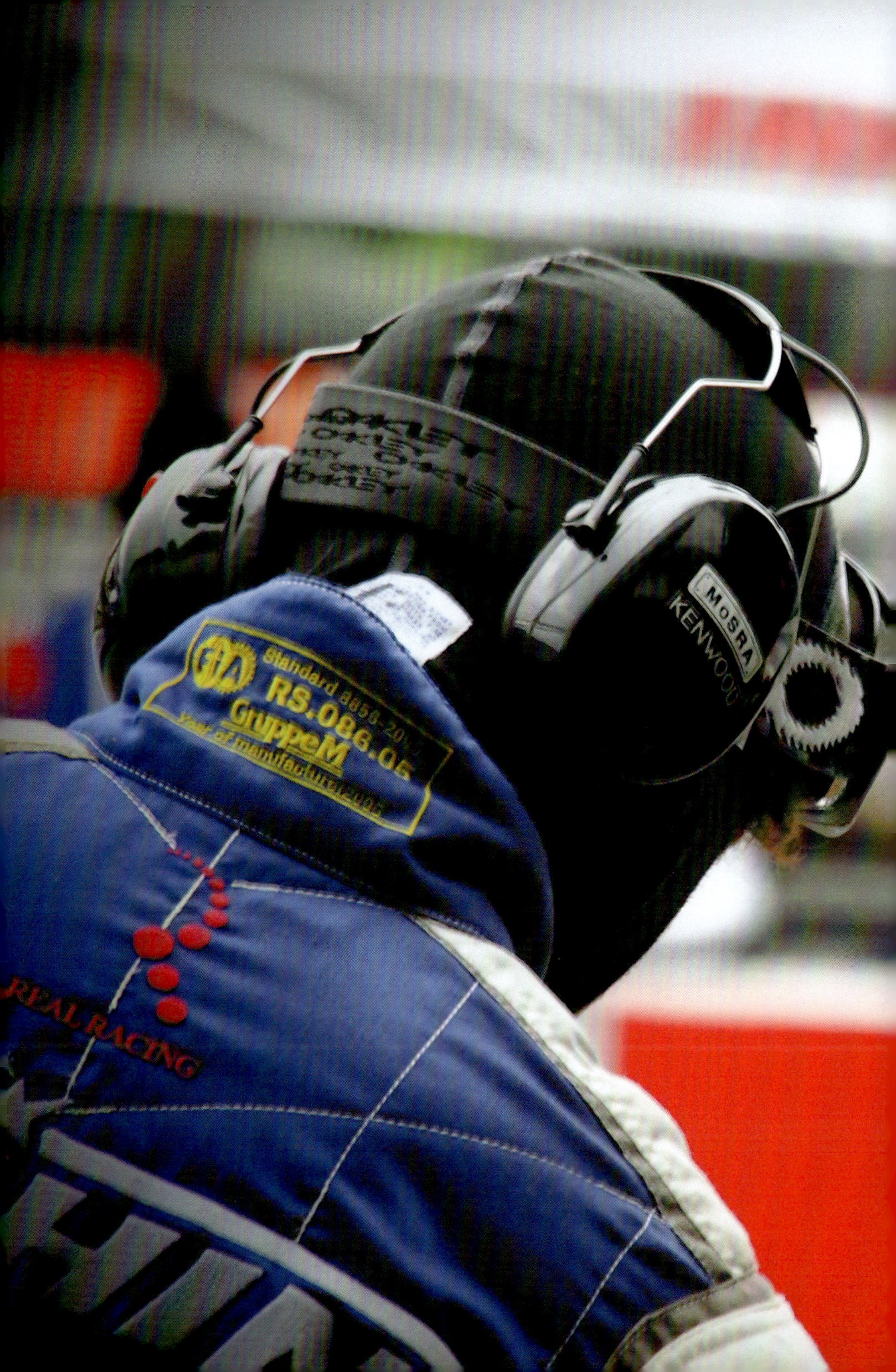
RS.086.05
GruppeM
MOSRA
KENWOOD
REAL RACING

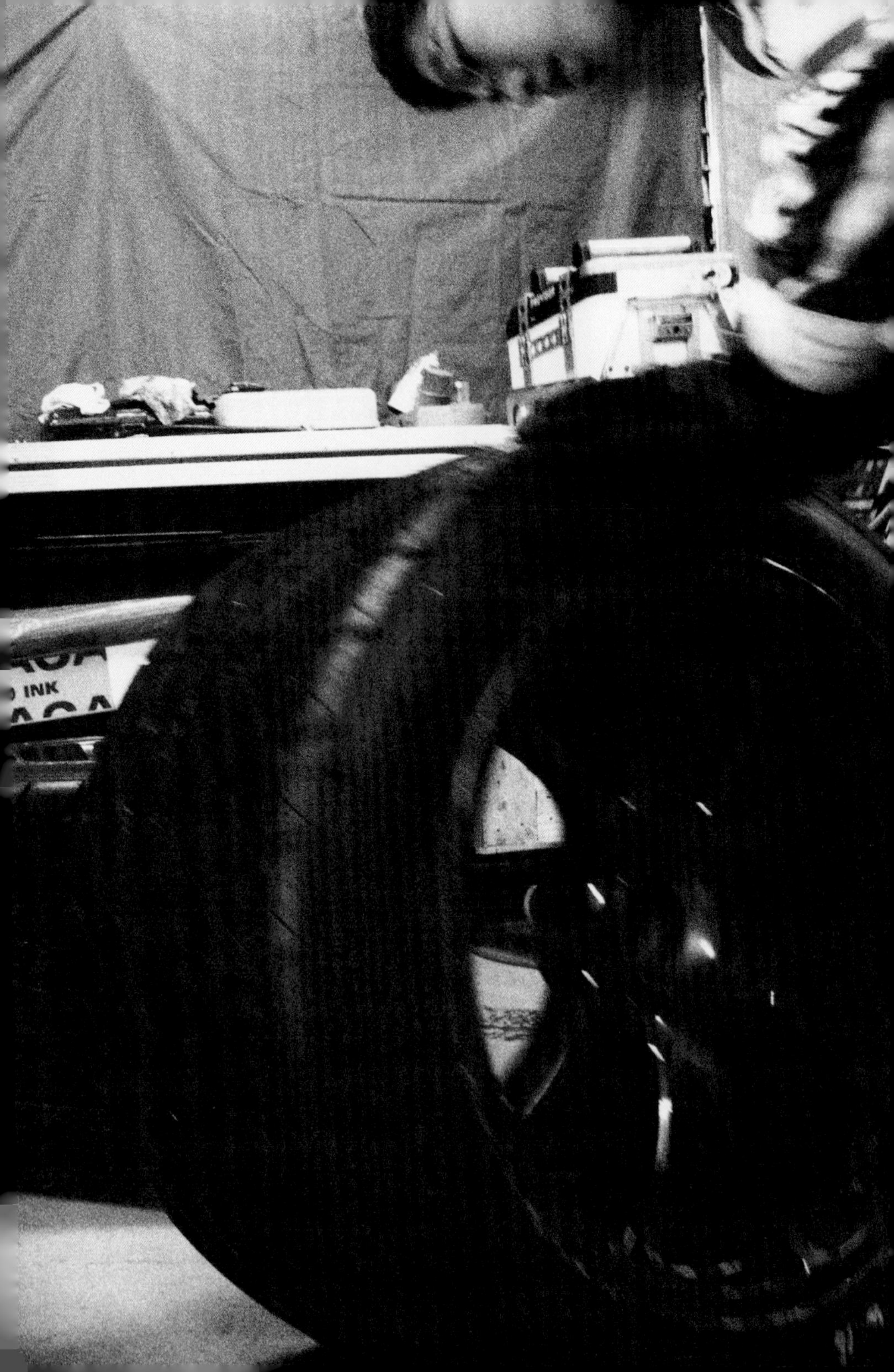

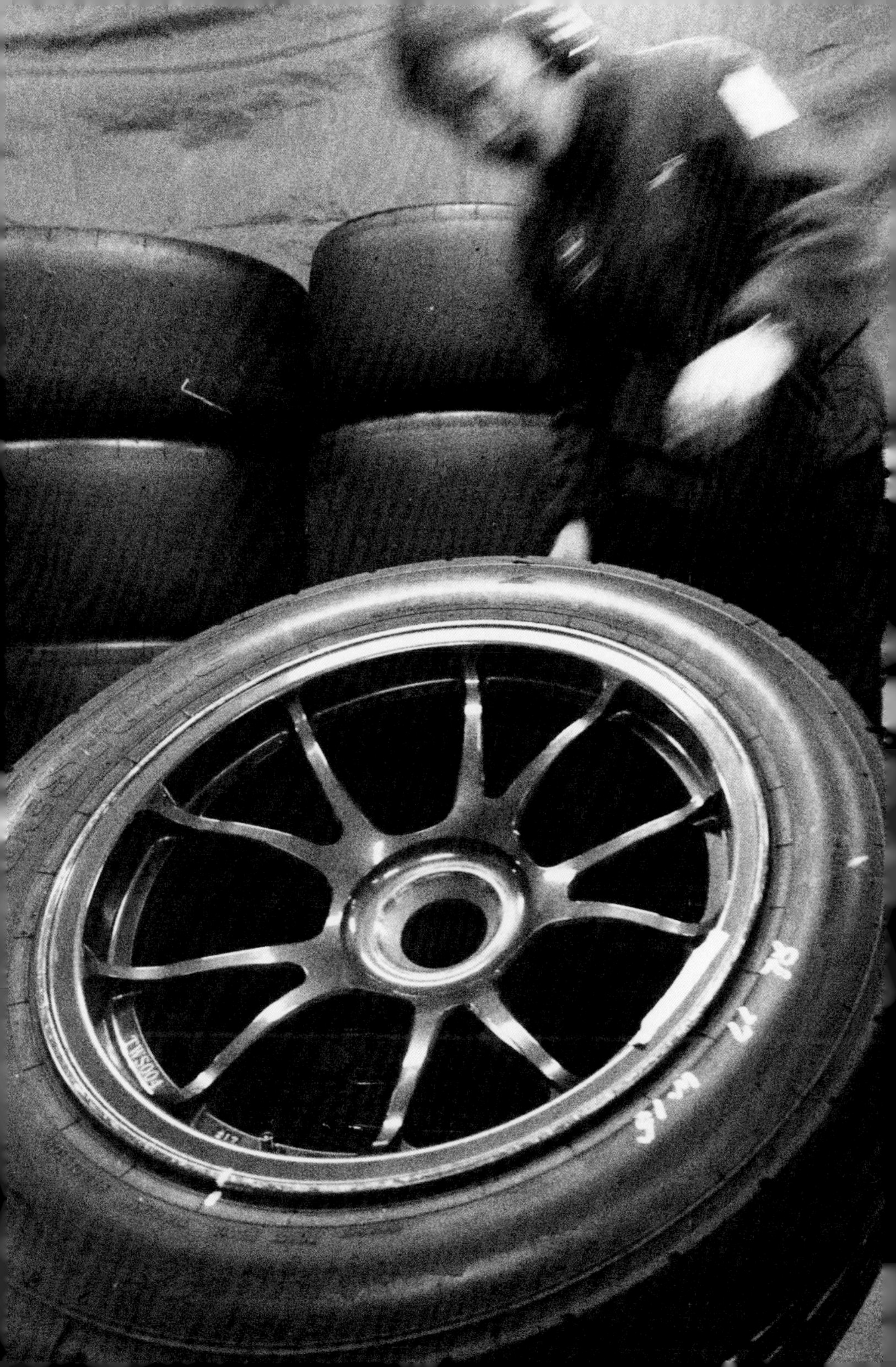

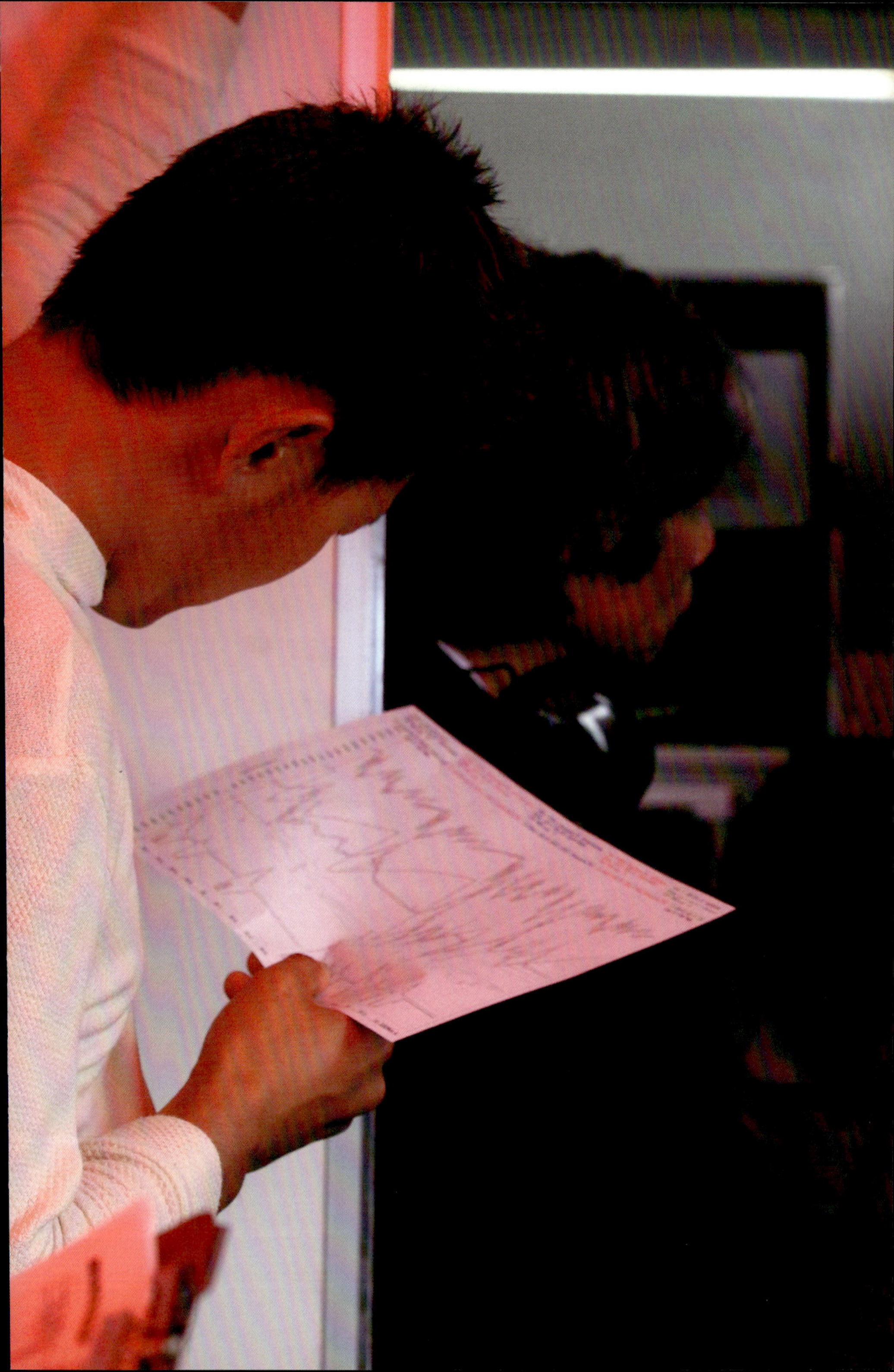

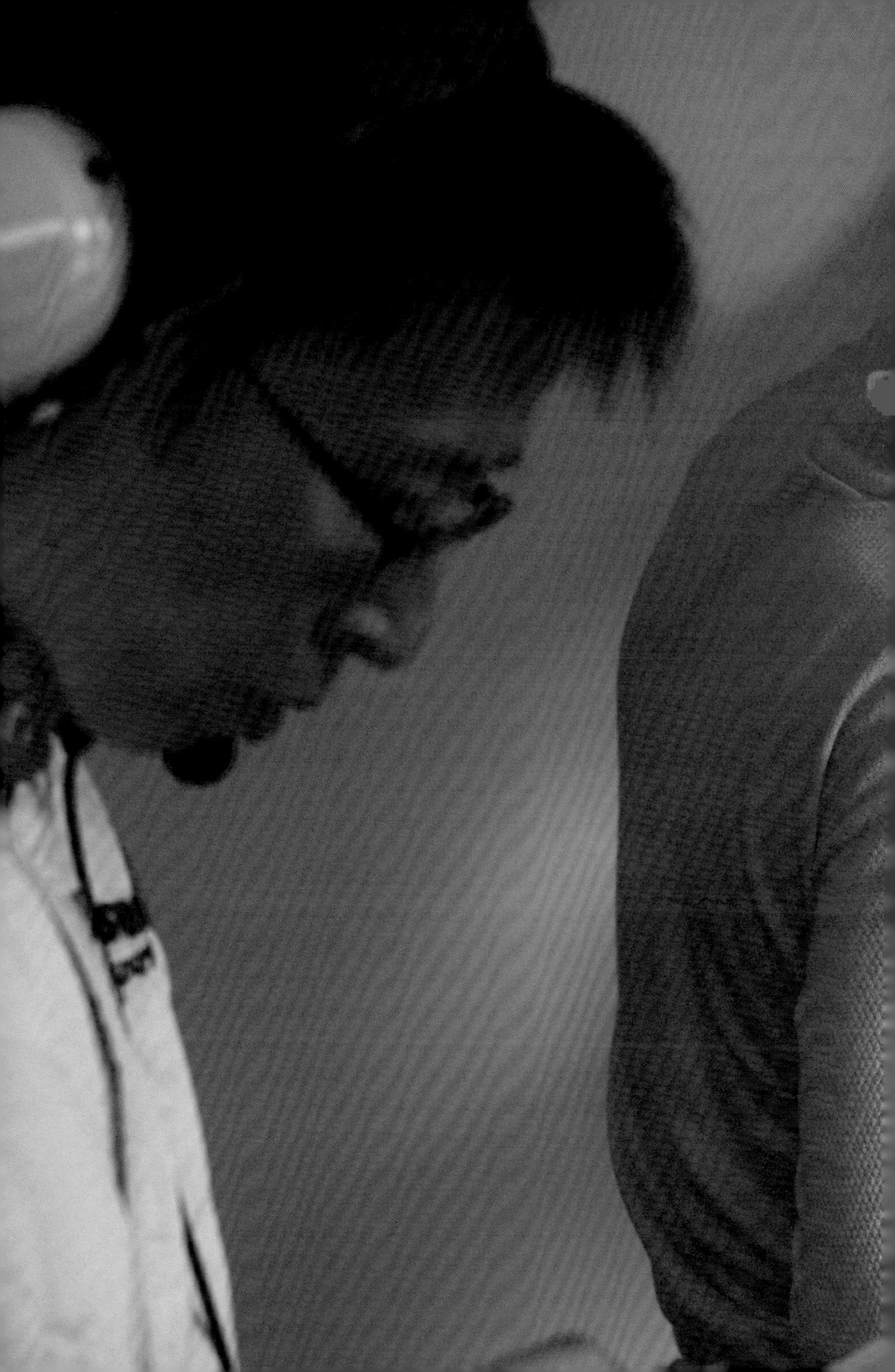

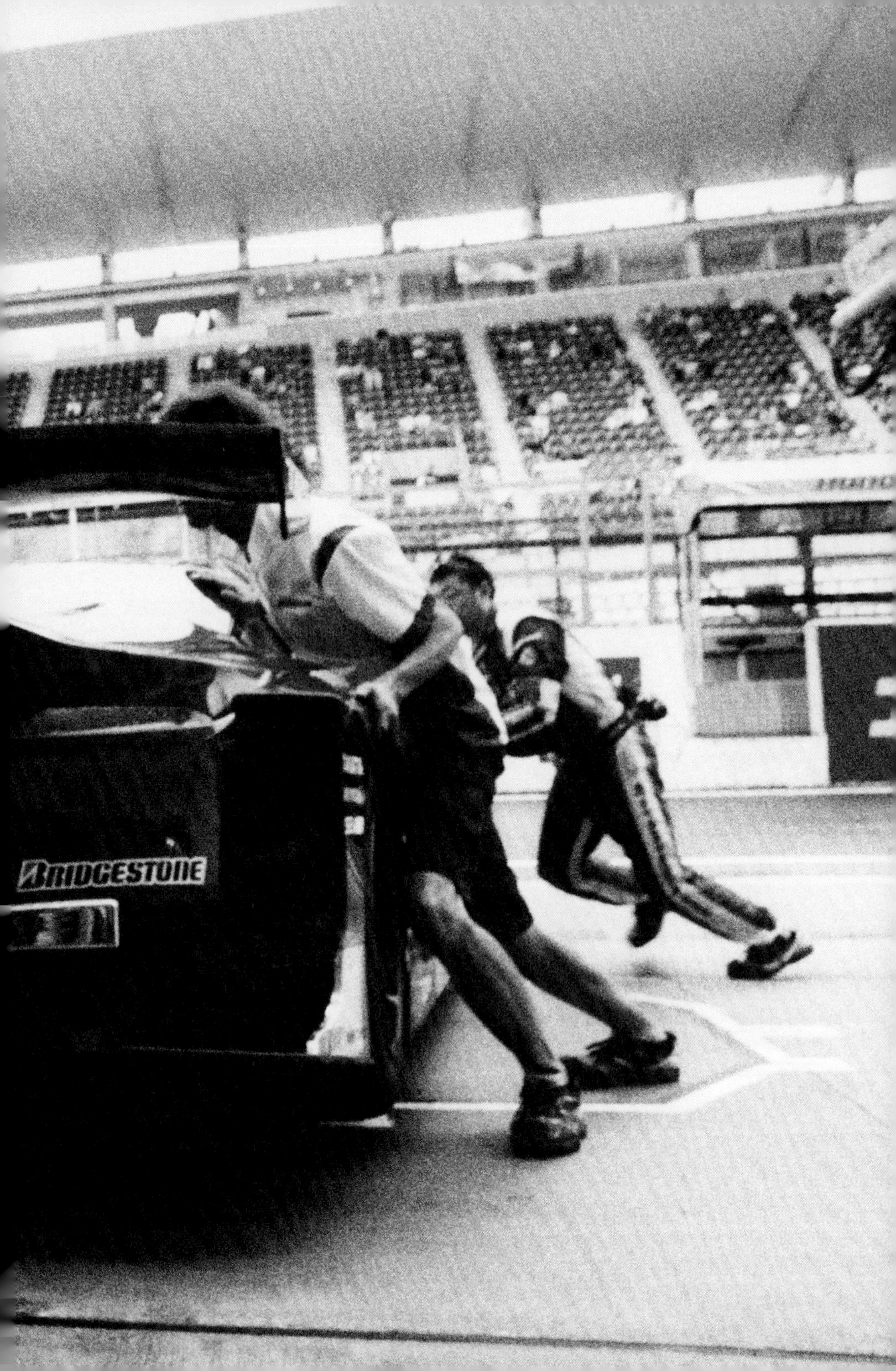
BRIDGESTONE

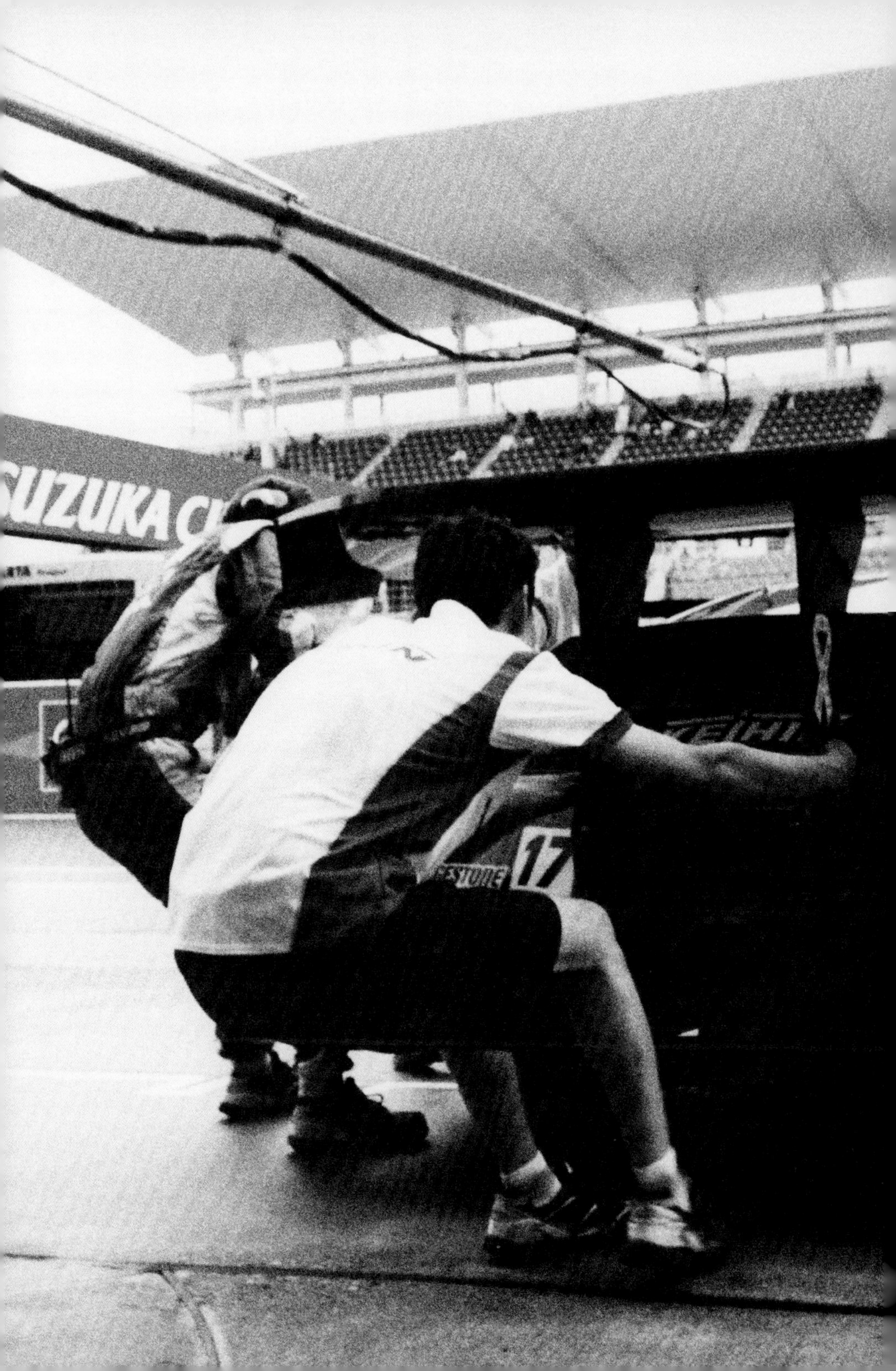
SUZUKA
17

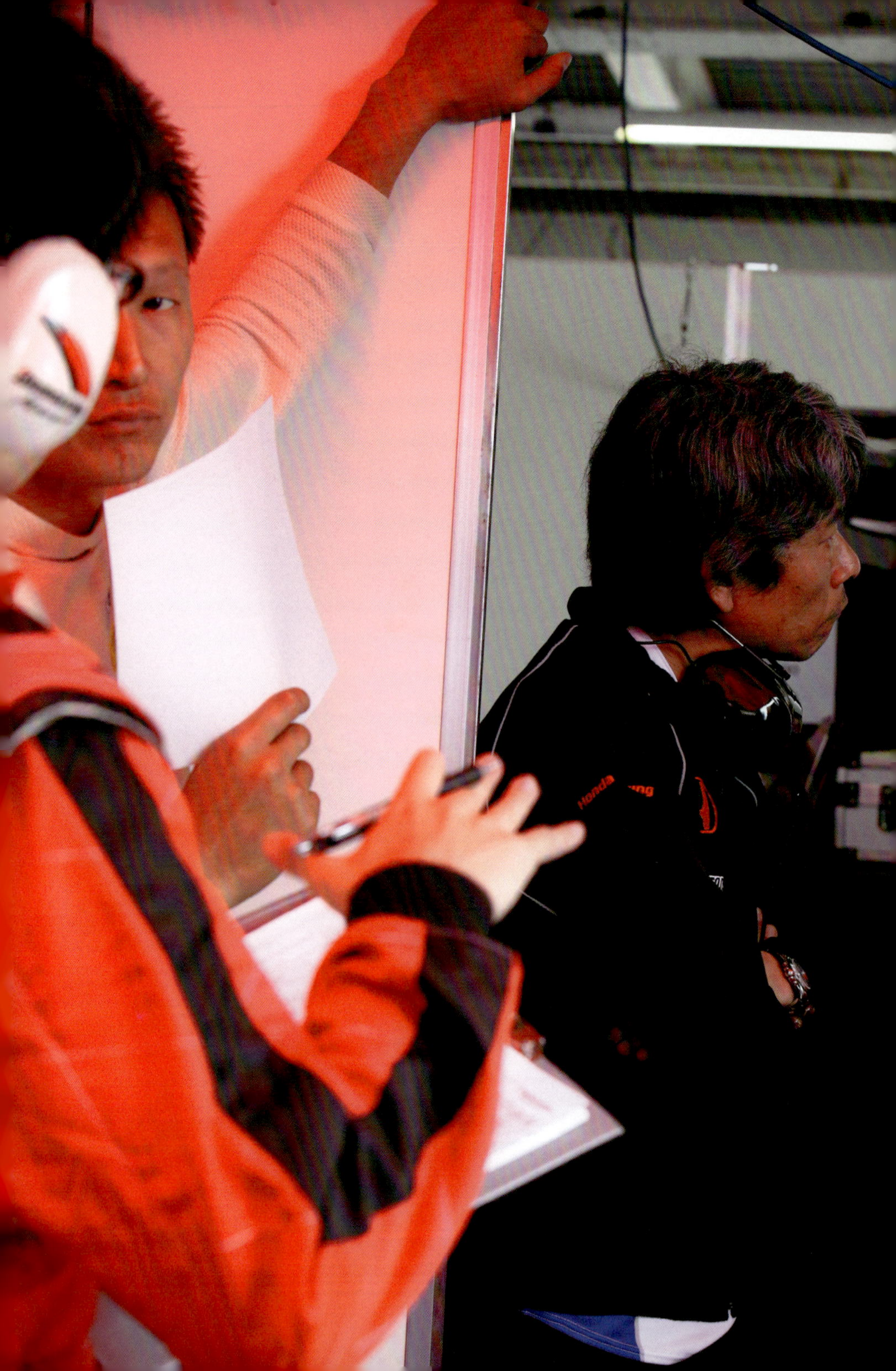

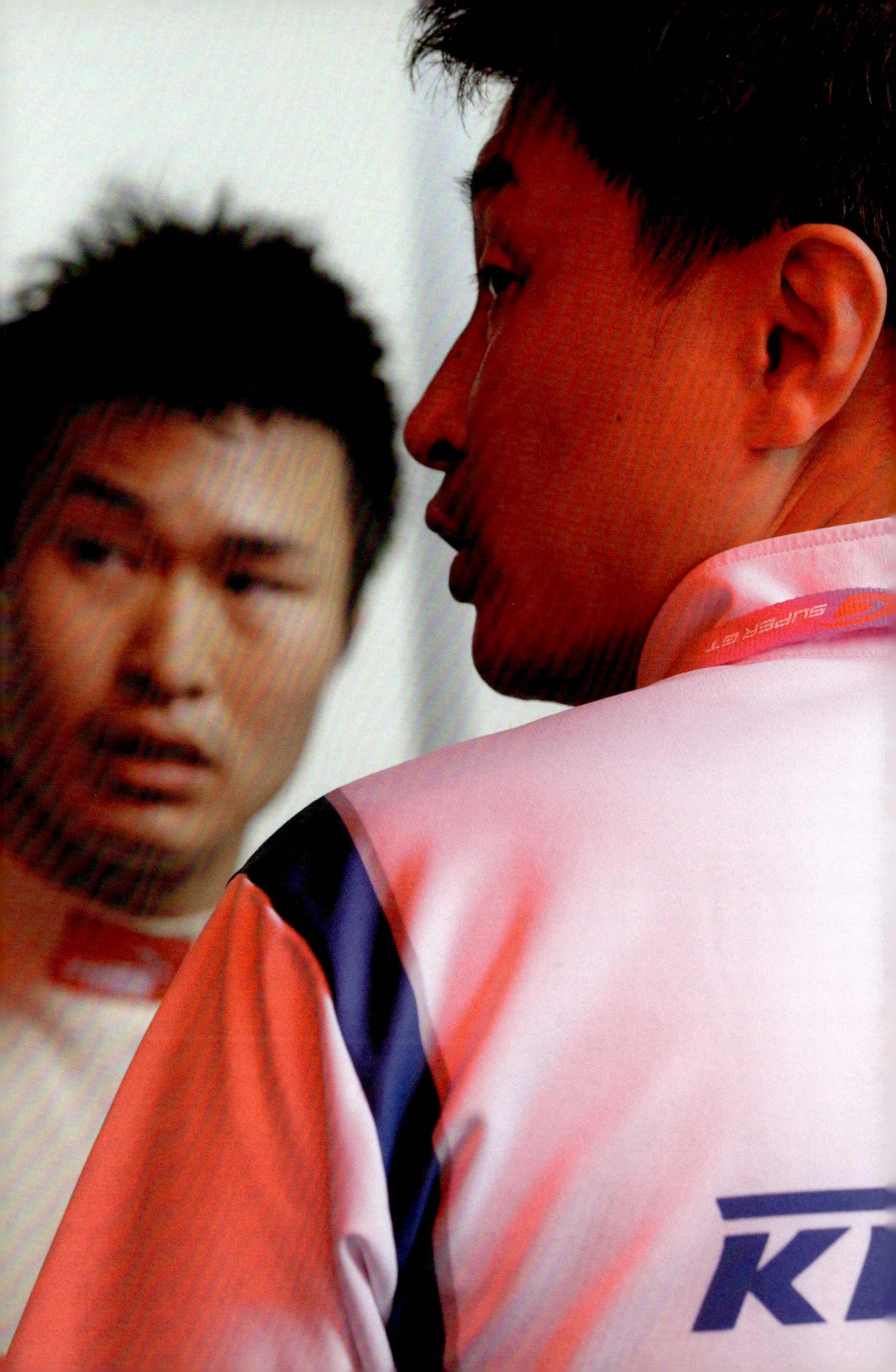
SUPER GT

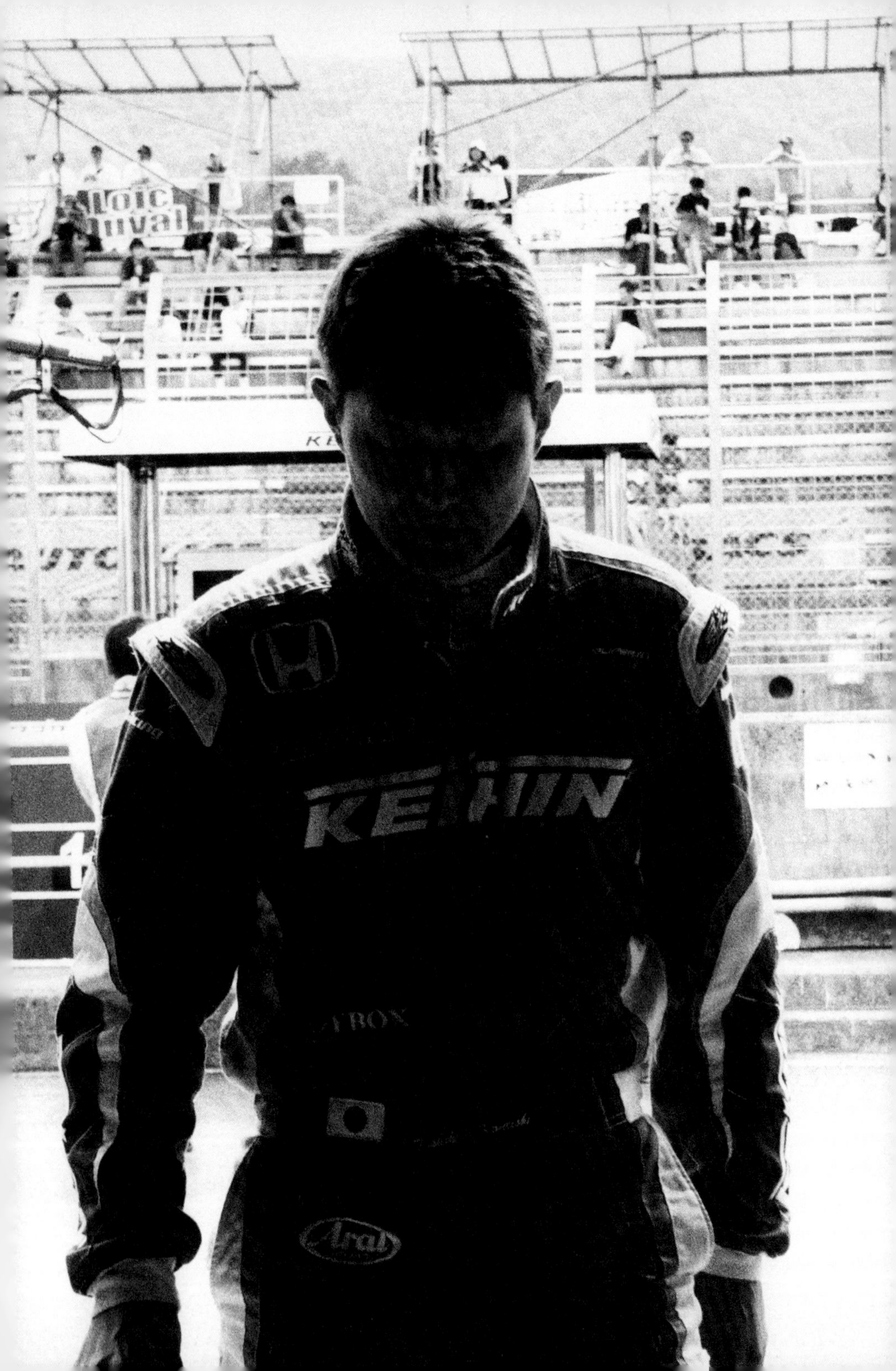
Arai

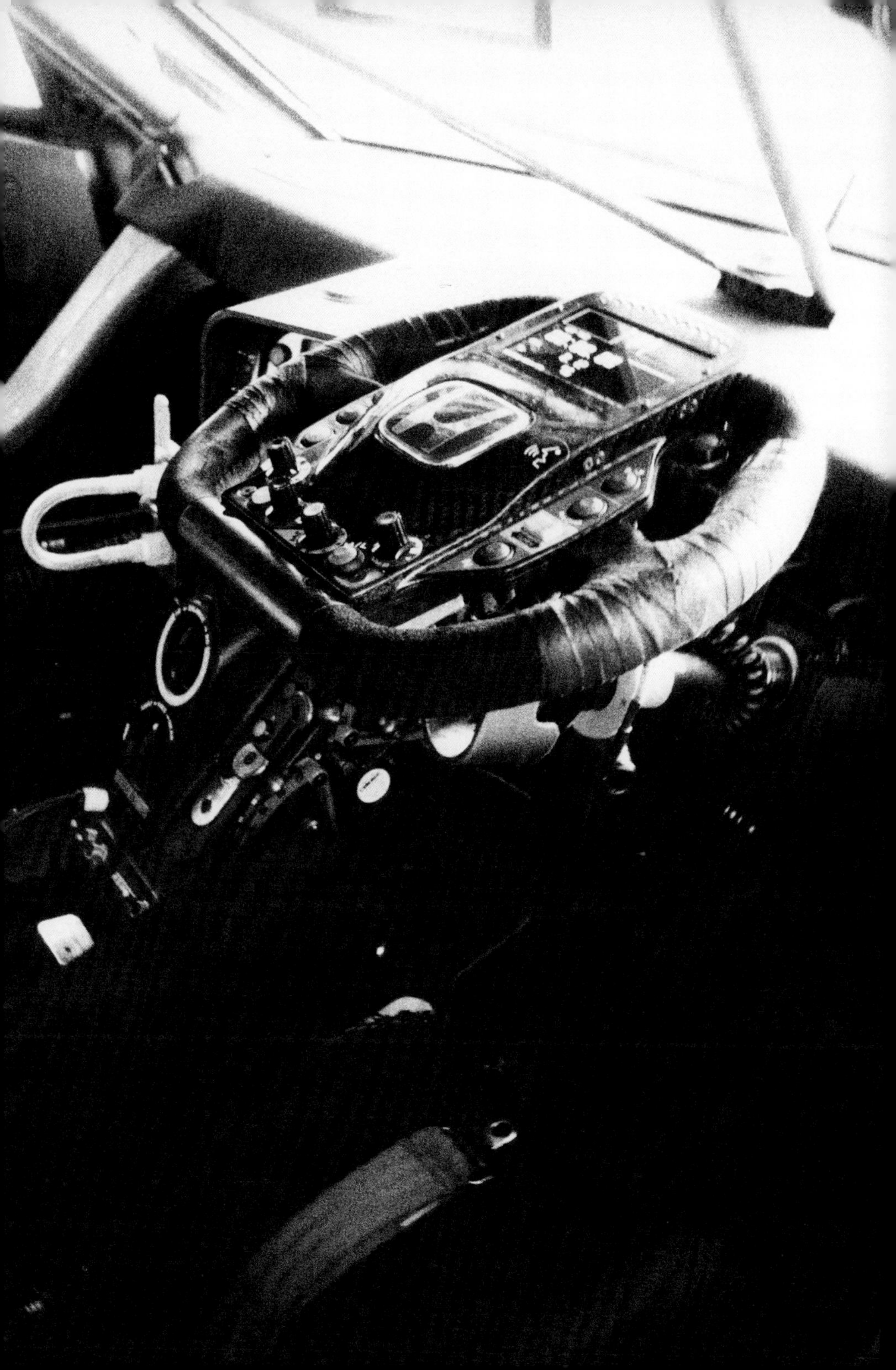

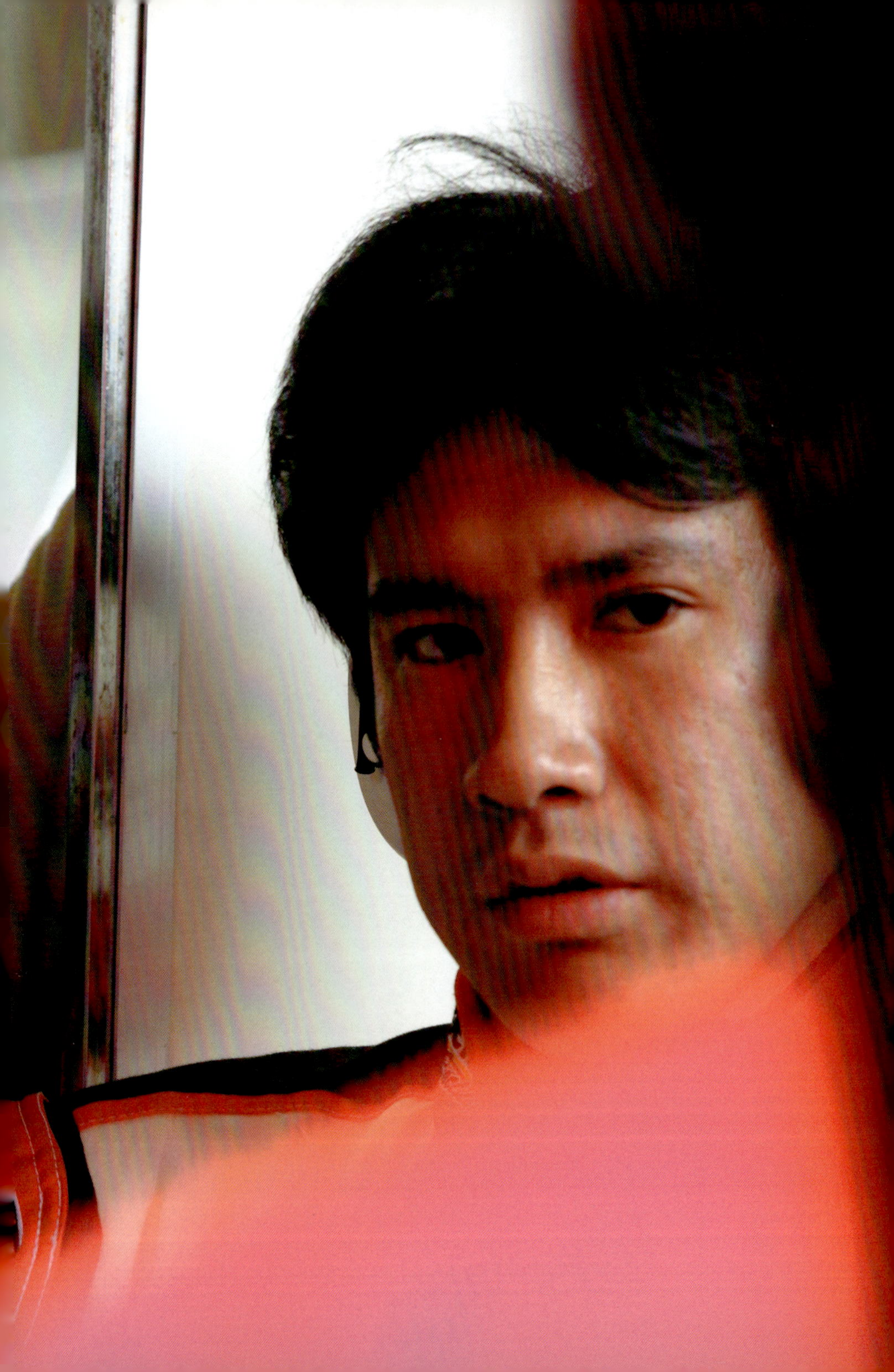

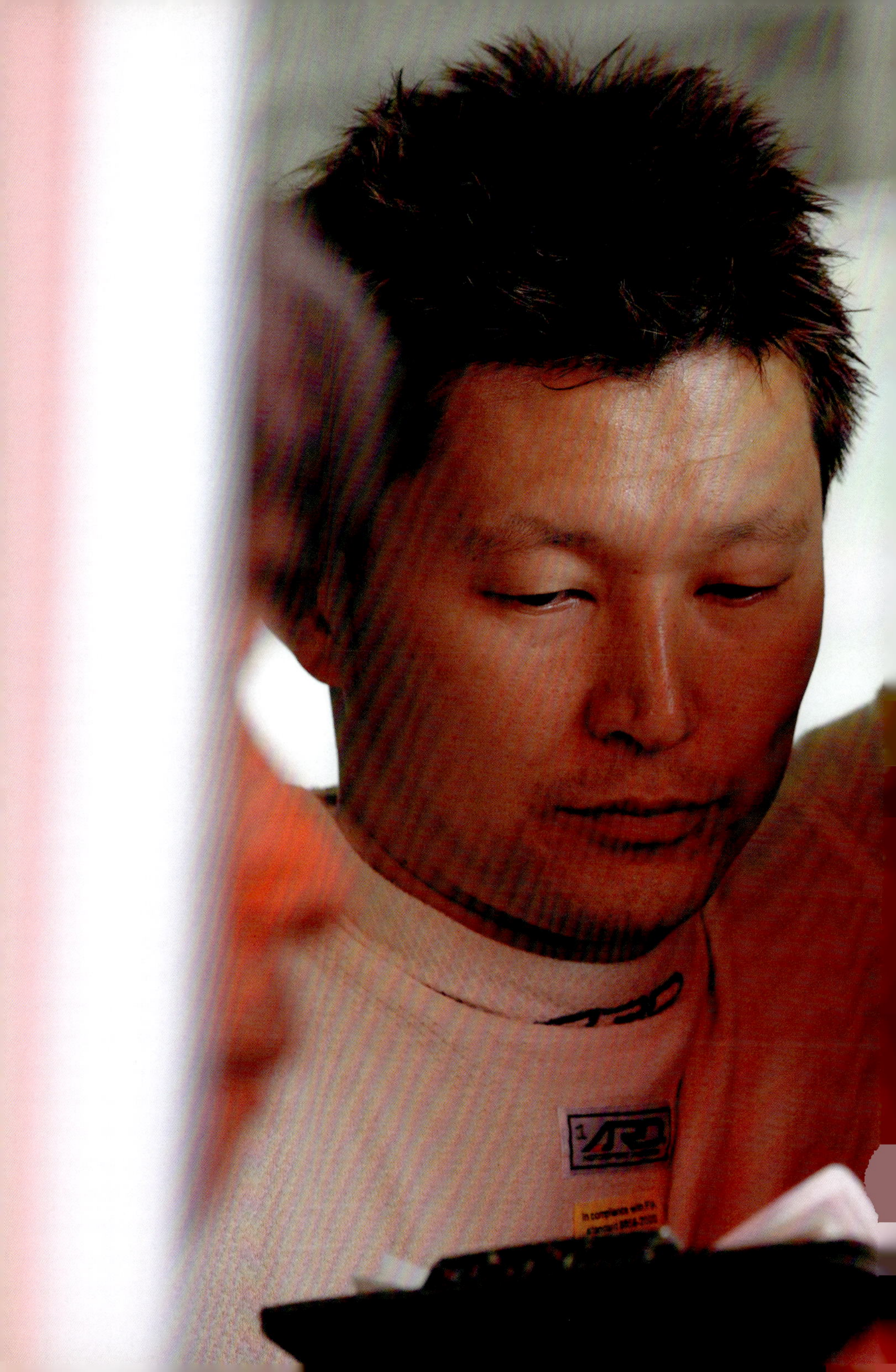

PUMA

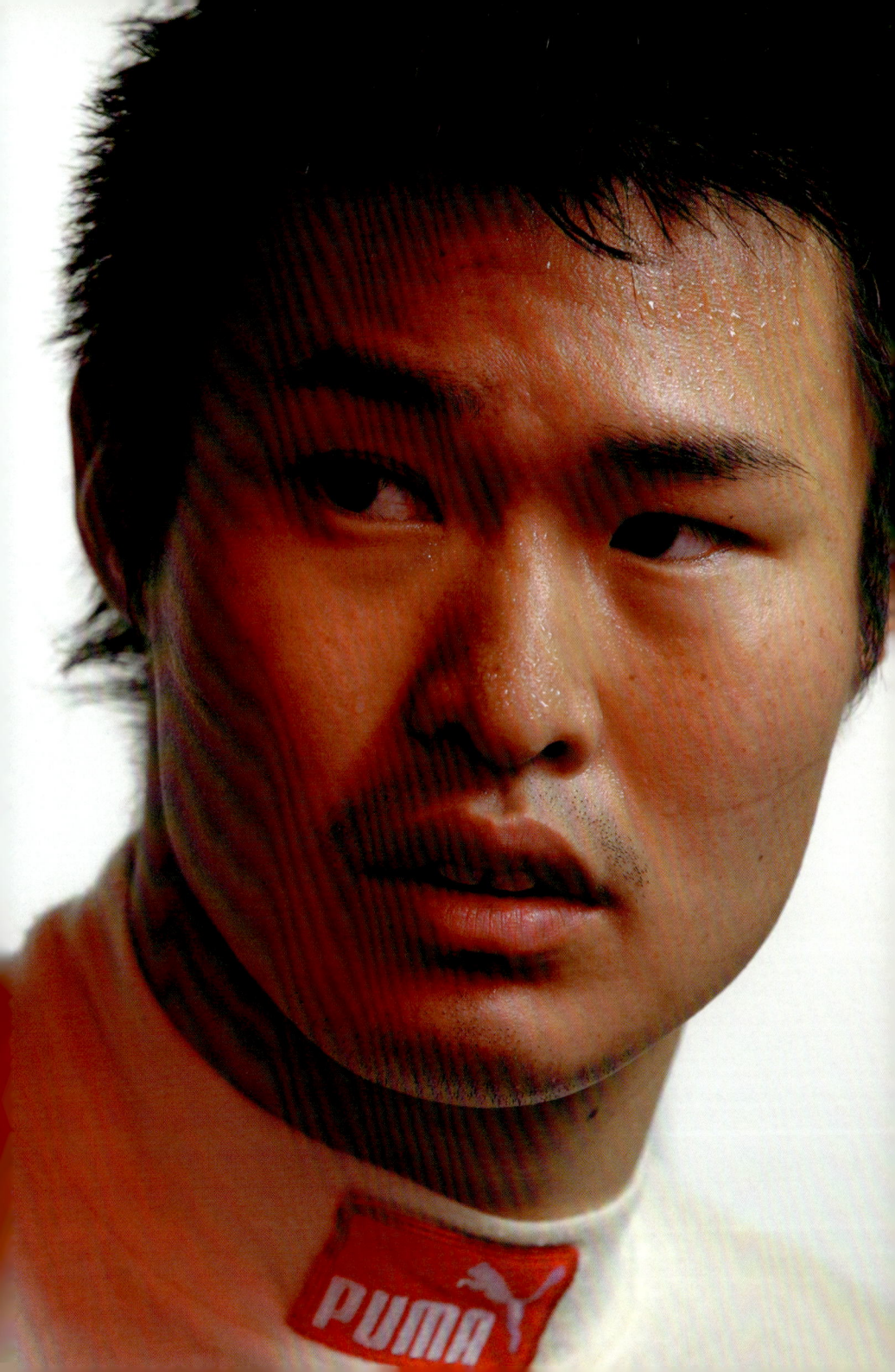

1 life

誰よりも速く走るという使命

　1トンを超える車体を駆り、高速でコーナーへ飛び込んで行く。当然、事故が起きればただでは済まない。しかし、そんな恐れよりも遥かに優る想いがある。

　みずからも2008年まで現役のレーサーとしてSUPER GTに参戦していた金石勝智監督は、レース中にことさら生死を意識することはないものの、準備段階も含めてレースにすべてを捧げ、それこそ命を燃やす日々を過ごしていたことは間違いないと言う。

　「速く走ることができないとレーサーとしての価値、つまり選手生命は確実に絶たれます。コンマ5秒遅ければ、来年はここにいられないかもしれない。そういう意味での緊張感は常にありますね。レース中は速く走ることだけを考えているので、あとで振り返ってあの時は危なかったなと思うことはあっても、恐怖を感じるようなことはありません。もし仮に怖いと思って走っているようだったら、プロのレーサーとしては失格です。もちろん、マシンの故障等が原因で、ドライバーが運転ミスをしたわけでもないのに事故につながったりすると、その原因がわかるまでは不安で思い切って走ることはできません。結局のところ、速く走るということは、マシンへの信頼、すなわちチームへの信頼があってこそなのです」

　レースというのは、結果がすべてであり、それが唯一無二の価値となる。わずかコンマ数秒の差で天国と地獄がわかれてしまう残酷な戦いだからこそ、何よりも大事になってくるのは勝利に

対する強いこだわりだ。しかし、そうした勝利へのこだわりが自分だけのために向けられているのだとしたら、「いずれ限界がくる」とチーム代表の中村亮一は自戒を込めて指摘する。

「人間にとっての一般的なモチベーションは、『もっと』という気持ちだと思います。わかりやすく言うなら、『もっといい生活がしたい』とか『もっとお金持ちになりたい』という欲望です。私は以前、事故に遭って生きるか死ぬかの経験をした時に、その『もっと』がなくなることに気づきました。当たり前に来るはずの明日がないかもしれないわけですからね。代わりに湧き上がってきたのが、誰かのためにという想いです。己の利益だけを『もっともっと』と考えている時は、いつも不平不満ばかりでしたけど、誰かを喜ばせたい、感動させたい、というエンターテインメントの本質のような想いに至ってからは、その気持ちが不思議とプラスアルファの力になりました。そうした想いが、勝利への継続した集中力を生むのだと信じています」

己のために何かをなすこともたしかに大事だが、そこに誰かのためにという想いが加わると、モチベーションはより一層強固なものになる。この場合の誰かとは、それこそドライバーにとっては自分を支えるチーム全員であり、チームにとっては応援してくれる観客であり、レース活動を支えてくれるスポンサーである。その人たちを喜ばせるためには、何よりも勝利を届けることが一番だから、必然的に勝ちへのこだわりも強くなる。

誰かのために走る──。一瞬と永遠のはざまで、その想いを強く持ち続けることが、結果的に誰よりも速く走ることへとつながっていくのだ。

誰のために速く走るのか

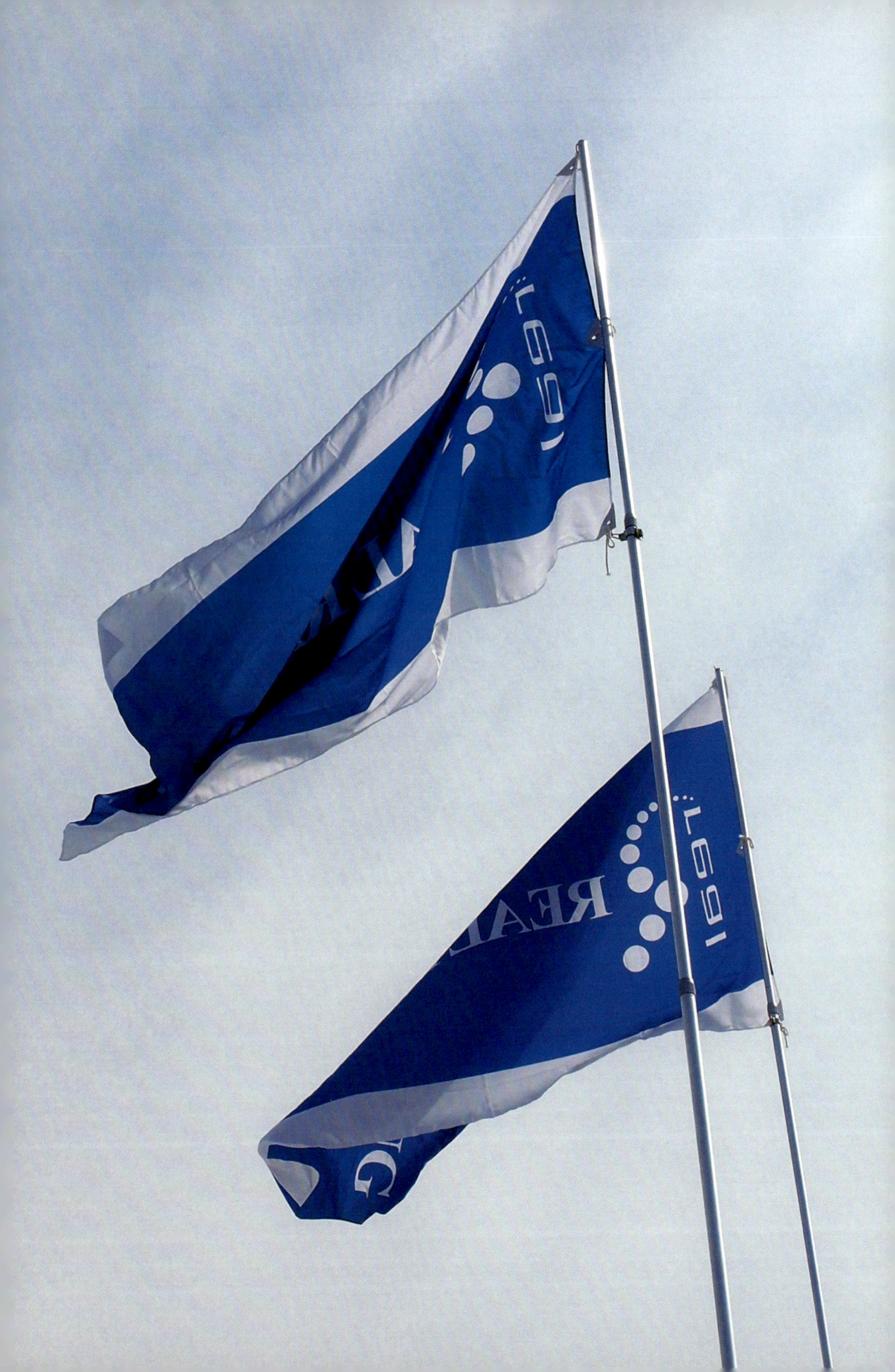

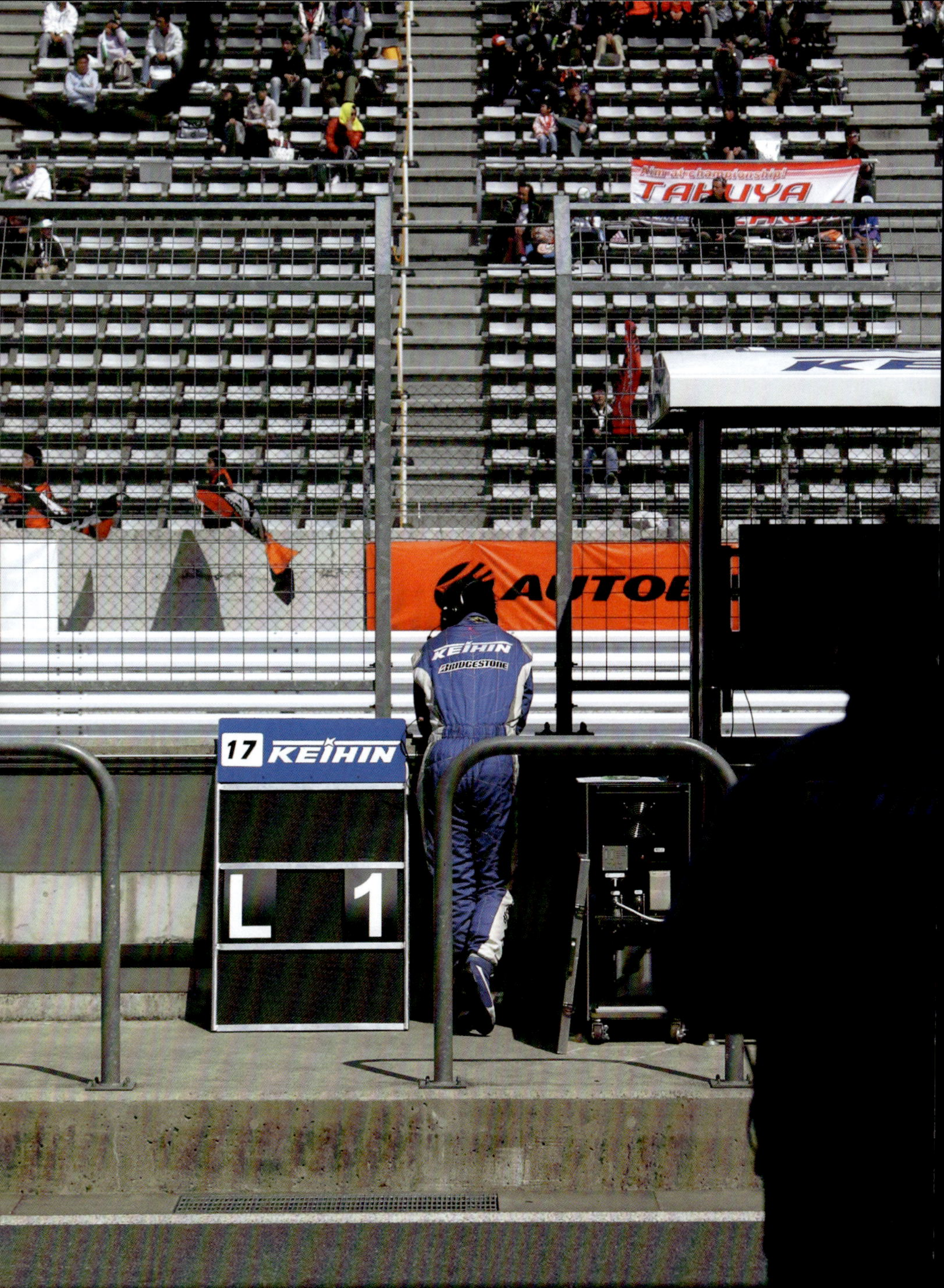
TAKUYA
KEIHIN
BRIDGESTONE
17 KEIHIN
L 1

KEIHIN -HS

🔴 T.Kaneishi　　🔴 K.Tsuka

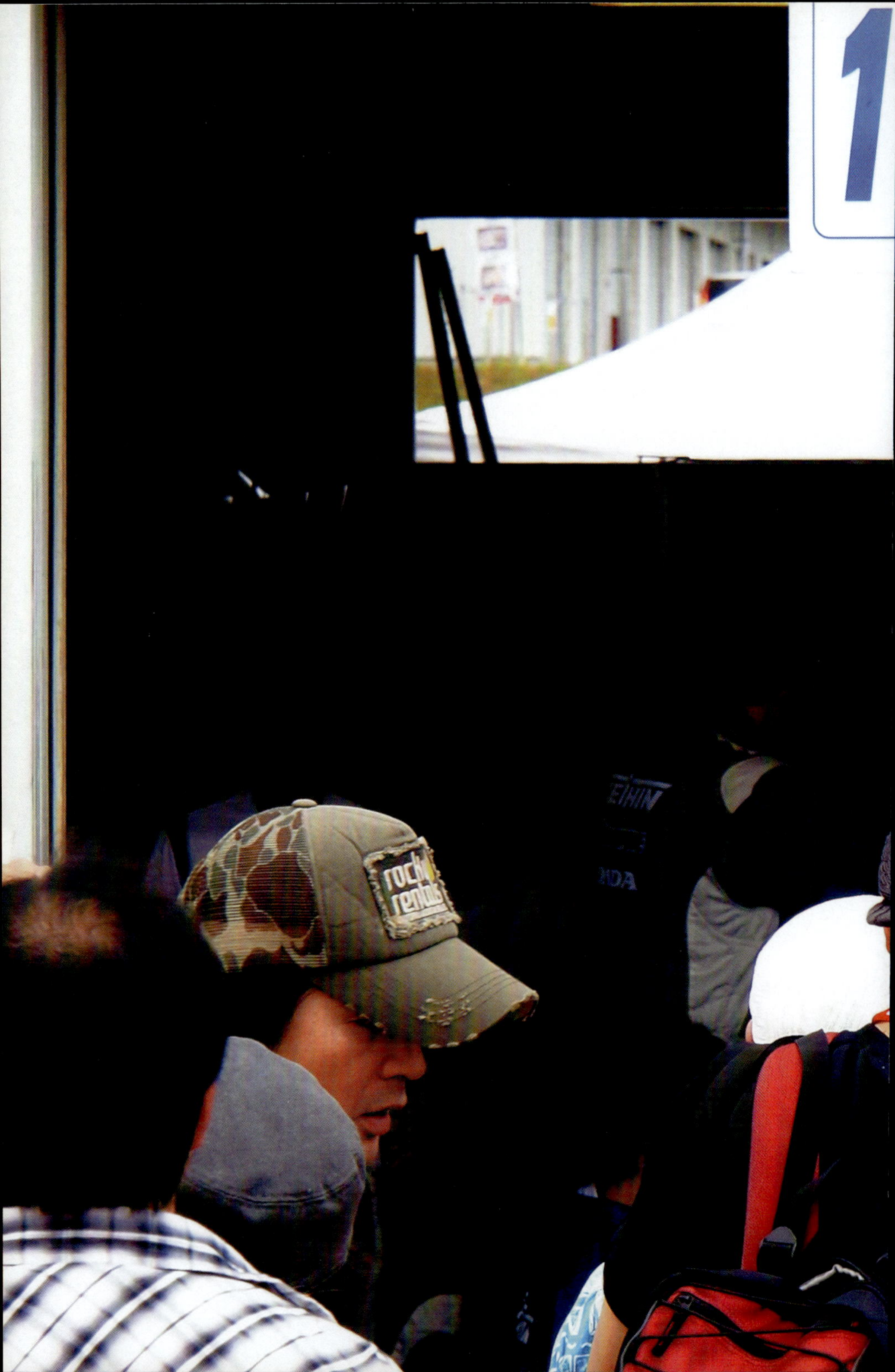
1
rock
rentals

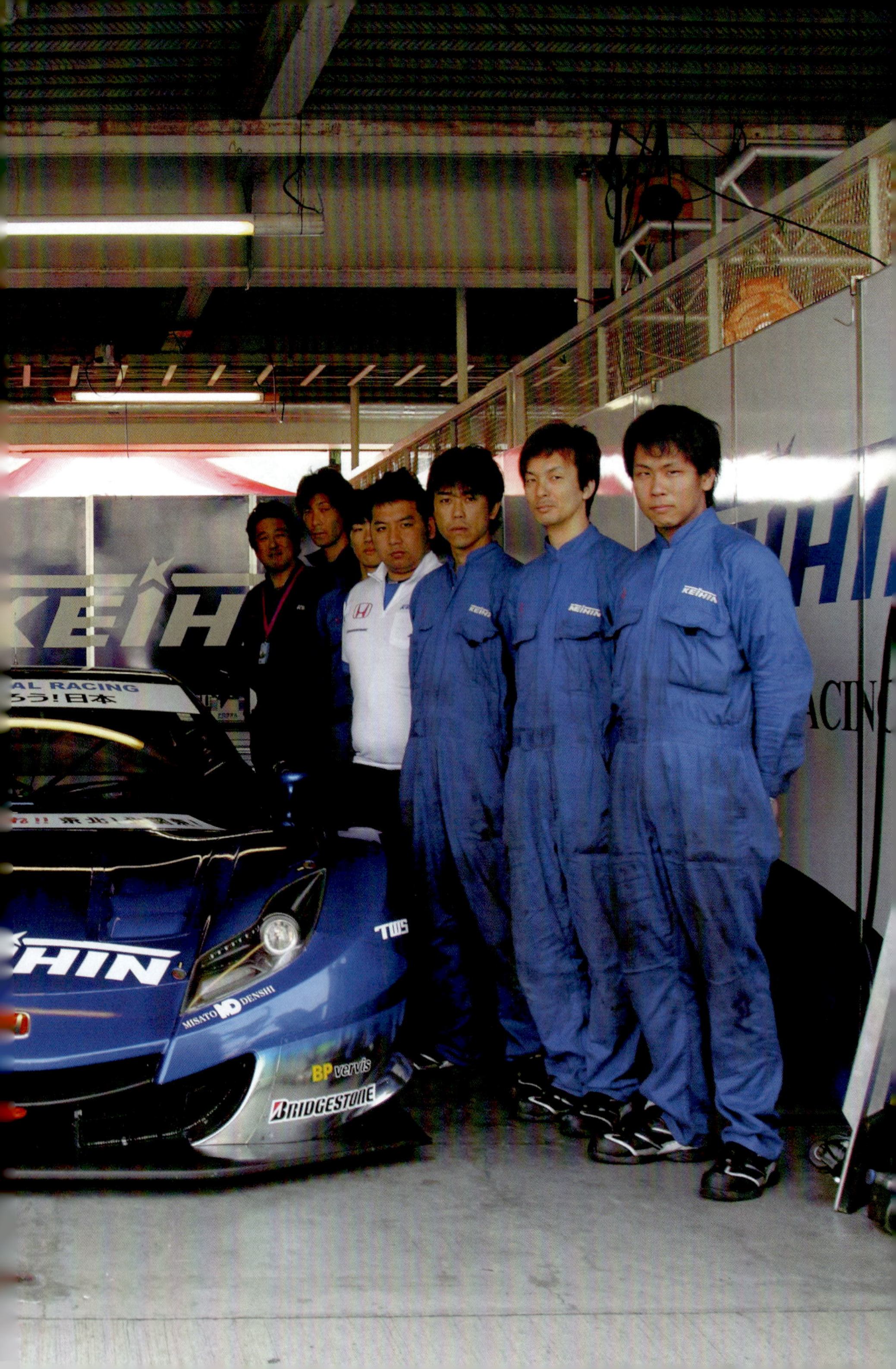

BRIDGESTONE
BP vervis
MISATO MD DENSHI
TWS

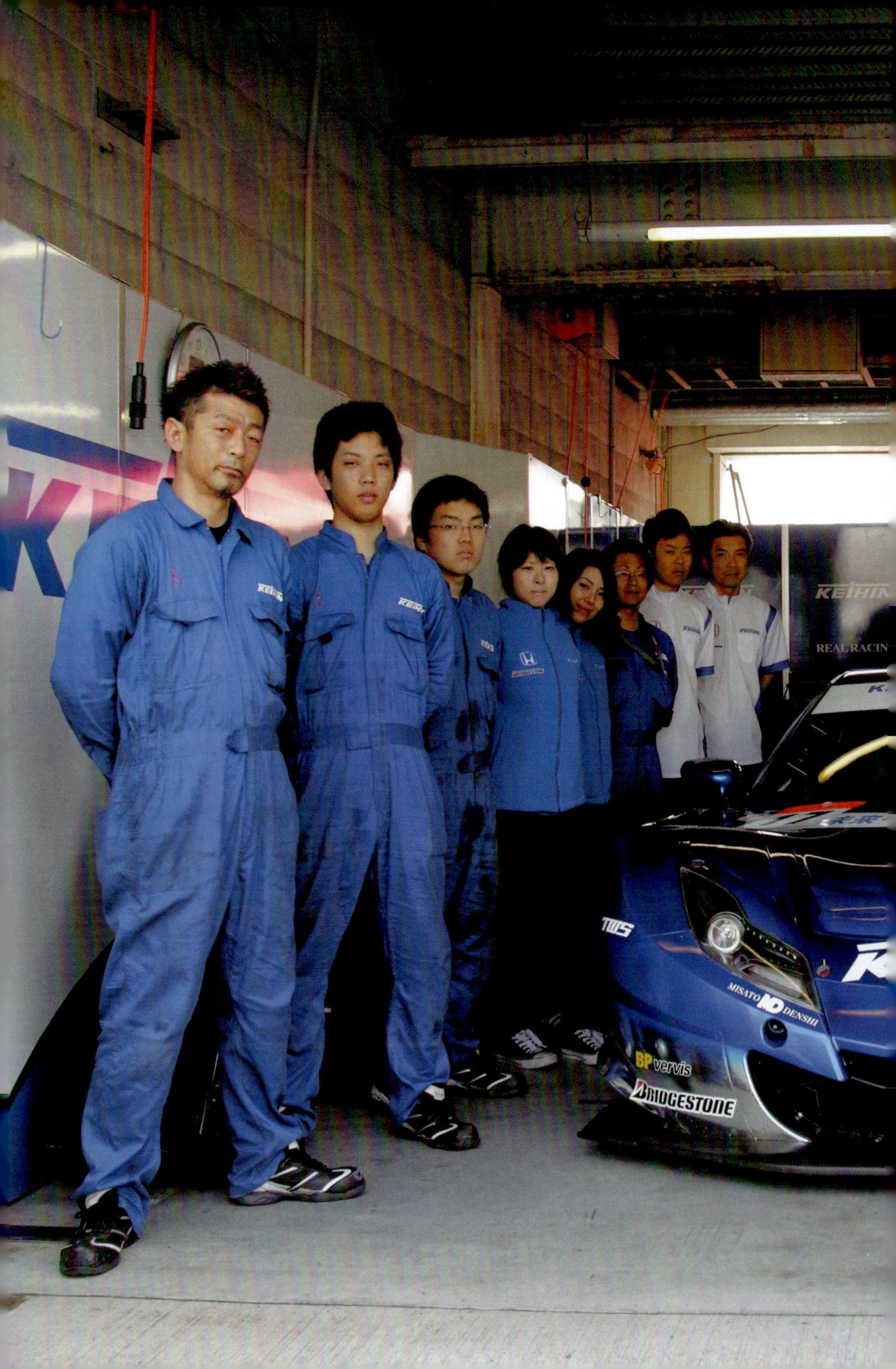
KEIHIN
MISATO DENSHI
BP vervis
BRIDGESTONE

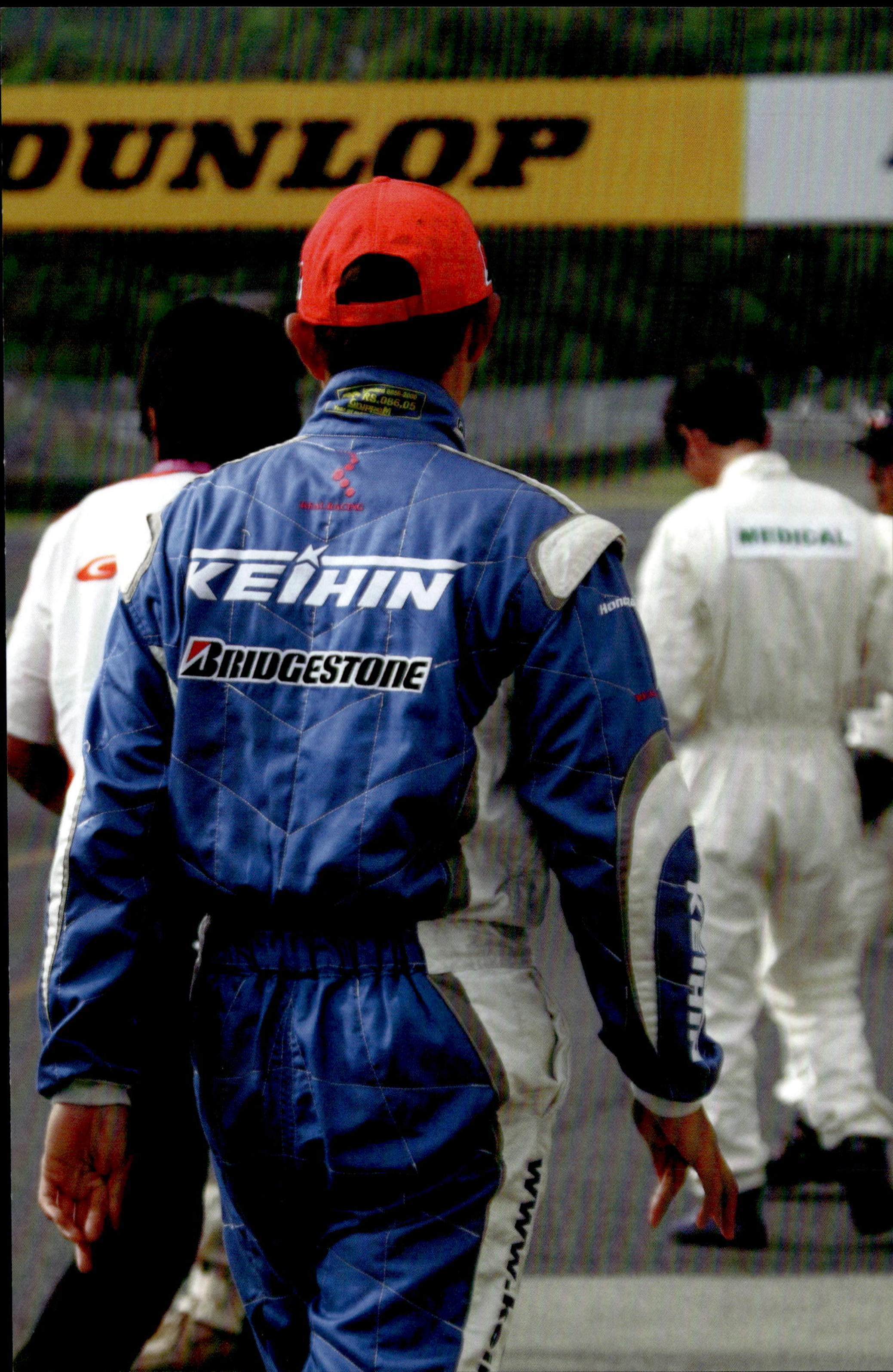
DUNLOP
KEIHIN
BRIDGESTONE
MEDICAL

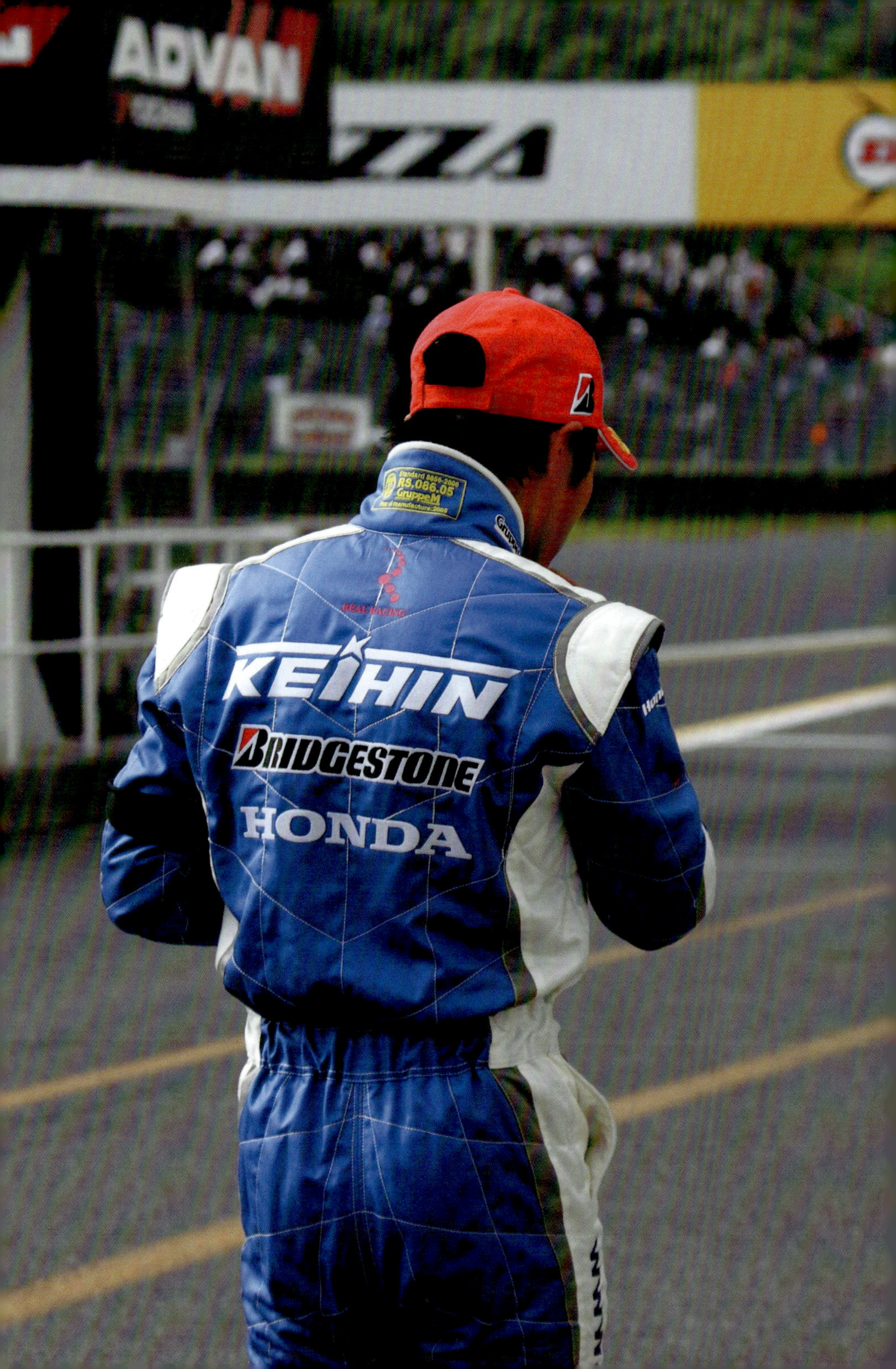
ADVAN
KEIHIN
BRIDGESTONE
HONDA

REAL RACING

監督：金石勝智　　チーム代表：中村亮一
レーサー：金石年弘、塚越広大
スタッフ：長江正行、鈴木豊久、大神槙也、河内憲之
　　　　　脇山敏志、小島克也、油谷英昭、廣田智行
　　　　　辻 拓真、新木崇弘、南元由紀、川間彩子
　　　　　竹内有樹、池田達矢、山屋和博

Cooperation: 株式会社ケーヒン
　　　　　　本田技研工業株式会社
　　　　　　株式会社ブリヂストン
　　　　　　NPO法人 トイボックス
　　　　　　株式会社セラ
　　　　　　株式会社タナベ
　　　　　　三智電子株式会社
　　　　　　有限会社クボタグリーン
　　　　　　BPルブリカンツ株式会社
　　　　　　株式会社ダブリュ・エフ・エヌ
　　　　　　株式会社 TAN-EI-SYA WHEEL SUPPLY
　　　　　　NPO法人あきらめない
　　　　　　プレミアムウォーター株式会社
　　　　　　ギガッツ合同会社

　　　　　　トヨタ自動車株式会社
　　　　　　日産自動車株式会社
　　　　　　鈴鹿サーキット
　　　　　　岡山国際サーキット
　　　　　　富士スピードウェイ
　　　　　　株式会社 GTアソシエイション　（順不同）

Administrator: 浅沼知子、戸ケ崎まどか（excitant）

Special Thanks: LOVE JUNX

Official Partner: elements KREVA REAL RACING　excitant

［Book Staff］

Photograph: 山岸 伸
　　　　　鈴木さや香、八坂悠司

Total Produce: 野村昌史（excitant）

Art Direction & Design: 坂本陽一（mots）

Text: 澤田真幸

Edit: 日野淳、中島洋一（幻冬舎）

Camera: OLYMPUS E-5 / OLYMPUS E-P3 / OLYMPUS XZ-1

［SUPER GT オフィシャルドキュメンタリー］

REAL RUN ―1秒と永遠―

2011年11月10日　第1刷発行

著　者　　山岸　伸
発行者　　見城　徹
発行所　　株式会社 幻冬舎
　　　　　〒151-0051　東京都渋谷区千駄ヶ谷 4-9-7
　　　　　電話　03(5411)6211（編集）
　　　　　　　　03(5411)6222（営業）
　　　　　振替　00120-8-767643

印刷・製本所　大日本印刷株式会社

検印廃止

万一、落丁乱丁のある場合は送料小社負担でお取替致します。小社宛にお送り下さい。
本書の一部あるいは全部を無断で複写複製することは、法律で認められた場合を除き、著作権の侵害となります。
定価はカバーに表示してあります。

© SHIN YAMAGISHI, elements/excitant, GENTOSHA 2011
Printed in Japan
ISBN978-4-344-02086-3　C0072

幻冬舎ホームページアドレス　http://www.gentosha.co.jp/

この本に関するご意見・ご感想をメールでお寄せいただく場合は、comment@gentosha.co.jp まで。